蔚蓝图腾

Second life

雅居乐·清水湾全程品牌营销实案

吴竹 著

廣東省出版集團
广东人民出版社
·广州·

Second life

雅居乐·清水湾十年大品牌之路

语言霸权

雅居乐·清水湾传播纪实

（2008—2011）

如果，可以重来

雅居乐·清水湾品牌之路的反思与遐想

前言

三年后的一次回望

与雅居乐·清水湾朝夕相处的这三年，
有太多的牵挂，太多的得失，太多的喜笑泪水，
都以此书作为一次深情的回望吧。

当之无愧的中国滨海度假第一盘，两年180亿的销售神话，中国百万销售小姐的诞生……两年时间，雅居乐·清水湾从一个默默无闻的滨海项目，一跃成为房地产行业最具话题性的明星，原因何在？这恐怕是最近几年萦绕在所有房地产从业者心头最大的疑惑。每次在与地产行业掌门人或是营销负责人提及雅居乐·清水湾的时候，第一个碰到的问题往往是："在你看来，清水湾成功的秘诀在哪里？"是的，作为三年以来，雅居乐·清水湾全程推广服务的唯一广告公司，熙悦广告应该有更多的发言权。

在与雅居乐·清水湾朝夕相处的一千多个日夜里，在亲历了从一片荒芜到第二人生的超级国度，我不认为这是一个市场行业里风传的所谓滴水成油的神话。正正相反，我认为雅居乐·清水湾的成功，首先是一次踏踏实实的诚意付出。雅居乐倾全集团之力打造，是其中最关键的因素，正是这种置之死地而后生的战略导向，才会有200亿的巨资投入，才会有大摩亚洲最大投资的加入，才会有全集团精英尽遣的人才集合优势，才会有总裁钦定传播公司的先例……在此，我并不想从这个层面做过于深入的探究，毕竟我是个传播人。在我看来，从品牌、营销、传播的角度，对雅居乐·清水湾做一次事无巨细的呈现与探讨，倒是非常有必要。

雅居乐集团的决心早已注定清水湾必将成功，但如此迅速的登顶，品牌传播起到了

关键的作用。三年来，有时代洞见的品牌核心，系统化的阶段传播推广，实密纵横的营销网络，像是一剂强力的催化剂，令雅居乐·清水湾跳跃式的登上王座。雅居乐·清水湾的传播实例，值得拿出来讲一讲。

很多行业内的朋友都催促我把清水湾作为案例写下来，却因为惰性，担心露拙，总以各种理由一一推掉。直到2011年6月，熙悦广告与雅居乐·清水湾的缘分告一段落，我也在心理上长长的舒了一口气，像是放下了一个责任重大的担子。不在庐山中，倒是能把雅居乐·清水湾这座山看得更透彻。于是下了决心，要把这三年来的成绩表老老实实的摆出来。

回望这三年，确实有很多今天看来仍然不错的好概念、好想法，可以抛砖引玉；当年对旅游地产并无太多经验的我们，也走过不少弯路、错路，可以为鉴；而庐山外的沉淀与重新咀嚼，又可以带来一些新的思考……成功也好，失误也罢，都囫囵的放在各位面前做一次解剖吧。

这三年，有太多的牵挂，太多的得失，太多的喜笑泪水，都以此书作为一次深情的回望吧。

Second life

雅居乐·清水湾 十年大品牌之路

很多人说，“Second life”是一个称得上“Big idea”的品牌核心。
在我的眼里，她绝不仅仅是个品牌核心，
她是一次站在时代高度的社会倡导，
是一次对中国人现行生存方式的心灵拷问。

Second life
雅居乐·清水湾十年大品牌之路

从2008年7月中山那次有着里程碑意义的高峰会议到今天，雅居乐·清水湾的十年品牌之路走过了近三分之一。驻足回看，从一片深闺的海，直至今天中国滨海度假第一盘，品牌内核——“Second life”贡献非凡。

很多人说，“Second life”是一个称得上“Big idea”的品牌核心。但在我的眼里，她绝不仅仅是个品牌核心，她是一次站在时代高度的社会倡导，是一次对中国人现行生存方式的心灵拷问。

这样的品牌，需要站在时代的高度，用人性关怀的目光凝视。中国高压式的生存环境，以及经济高增长背后的精神匮乏，注定了人性回归自然的反攻。“Second life”的出现，正好顺应了这个特定的时代转型期。两年前我们便已预察到，处于价值转型期的中国社会，必将迎来一次生活方式的革命。而生活方式最原始的载体——房地产，也将迎来一次机遇与挑战。国人新的生活方式会是怎样？她的人性支撑是什么？她对房地产形态的冲击在哪里，需求又在哪里？这是一个有趣的研究课题。

这样的品牌，需要一个巨大的载体，来承载她影响时代的企图心。品牌若没有实体的支持，只不过是空中楼阁，更何况如此企图的品牌塑造。发现“Second life”这个品牌核心，让我们着实兴奋了很长时间，却一直寻求不到一个与之相匹配的项目。直到2008年4月，当雅居乐·清水湾的项目资料一条条走过电脑屏幕：1.5万亩体量，200亿投入，十年开发周期，摩根士丹利亚洲最大的投资……

我知道等待了两年的机会来了，一个可以承载与诞生“Big idea”的项目终于出现了。

1

海，海地产的第一生产力

如何挖掘“海”的深层价值，将是雅居乐·清水湾，

乃至海地产这一类型地产成功的根基所在。

成功的品牌塑造，绝非凭空臆想的产物。产品的特质，企业内在的气韵，以及与目标受众的或直观或潜在的关联，都在不同程度的决定了品牌塑造的方向。

相对于其他消费品，在房地产品牌的塑造中，地理属性对其的影响与束缚至关重要。李嘉诚对地产价值评定的一句话，很是能揭示这一点：“决定房地产价值的因素有三点：地段，地段，还是地段。”从这一角度来讲，海，注定成为海地产的第一生产力。权威数据分析，如果把中国的优势海岸线资源均匀分配，每一个中国人仅占有0.14米。海之于国人的稀缺性可见一斑。所以，我们随处可见，只要是海南的房地产项目（即使离海岸线相距甚远），又或是能与海沾上点边的物业，均不约而同的与“海”攀亲带故起来。

在我们看来，正经历“黄色文明”向“蓝色文明”转型的今天，“海”的影响力无疑空前巨大。然而，纵观中国海地产品牌，对“海”的解读，仅仅停留在“蓝色”、“放松”、“享乐”等浅表的感官层面。真正能深入剖析“海”之于人，之于社会，之于时代的根本意义与价值者，几乎是个空白。

2008年春，当我们第一次接触雅居乐·清水湾时，便清晰的认识到了这一点：如何挖掘“海”的深层价值，将是雅居乐·清水湾，及至海地产这一类型地产成功的根基所在。

“人是鱼变过来的”基本假设的成立，
令雅居乐·清水湾“第二人生”的品牌核心
有了清晰的脉动。

如果人是从鱼变过来的

—— 海，之于人的源起假想

人是从鱼变过来的。这个猜想，需要科学家、生物学家的逻辑思考，再加上一点诗人的想象力。

科学用其严谨的态度和毋庸置疑的语气，给予了我们这个定论。在人类怀胎的十月里呈现出的奇异现象即是最好的佐证。从一枚受精卵，到用鳃呼吸的胚胎，直至形成人类特征生命的过程，就像是一次浓缩了的人类进化史。

在一次大海游泳中的感受，也可以为这个猜想添加一点点想象力。那是在亚龙湾的一个傍晚，太阳将近海平面，整个天空呈现出一种七彩的暖调子，包裹着全身的海水温润得恰如其分。大海有规律的起伏，当我随着她的律动轻轻腾起，复又飘落的时候，仿佛被托在一双巨大的手掌里。这种有着生命特征的感染力，让我至今仍固执的认定：这或许就是胎儿在母体中的感受吧。

是的，这些听起来似乎与我们策划的主题相去甚远。但回过头来，审视雅居乐·清

人类3—4周的胚胎
完全不是人形，外表像一条小鱼儿
它的手和脚就像鱼的鳍，短短的颈部
有几条横沟，相当于鱼的腮裂

水湾的成功，海与人之间关系的探究，有着“基本假设”般的决定性意义。

这个“人是从鱼变过来的”基本假设的成立，令后续的一切都如此合乎情理。生理层面上，人对于海天生的向往；社会趋势中，以内陆为主体的中国人对于海南的趋之若鹜；在整个传播过程所倡导的“第二人生”品牌核心定位；甚至是一件开盘礼品的构想与设计……

“人是鱼变过来的”命题的成立，令雅居乐·清水湾“第二人生”的品牌核心有了清晰的脉动。

从雅居乐·清水湾的销售数据可以看出，
云、贵、川的客群数量一度占到惊人的40%，
这或许就是中国人从“山居”走向“海居”的一次管中窥豹吧。

从“黄色文明”走向“蓝色文明”

—— 海，之于时代中国的价值洞察

当中国这个上下五千年的内陆文明帝国，被工业革命冲击得分崩离析的时候，带给这个黄色文明大国之殇，何止甲午、圆明园这些表面的创口。而无论李张的洋务运动，康梁的百日维新，这一批批乘着巨大油轮回报祖国的华夏子孙，已经把一股“蓝色”的风吹进了这片曾经盛极一时的泱泱大国。或许，从那一刻开始，又或许可以把历史的定格推至一个太监的西洋之行。但这些都不重要，重要的是“蓝色文明”之于现今中国的意义已呈现出不可逆违之势。改革开放，深圳特区的80年代，更是当代中国一次勇敢的“蓝色革命”。

在这里，我无意探究“蓝色文明”的国家意义，只想将其锁定在中国人之于生存、生活的个体价值上。略略回想，在历代文人墨客的诗词歌赋里，对“海”，对“蓝色”的颂赞与迷恋少之又少，而“采菊东篱下，悠然见蓝山”等山居佳句屡屡得见。这或许便是“黄色文明”最浅表的印证罢。而当代诗人海子一句“我有一所房子，面朝

轩辕黄帝像 东汉 武梁祠石刻

中华民族始祖之一的黄帝
专管土地，因中原的土地为黄色，故名“黄帝”
这反映的正是上古时期人们对土地的崇拜。古史称之为“以土德为王”
后世历代帝王以“黄”为尊的色彩垄断
更是将土地崇拜推至了新的高度

大海，春暖花开”却成了各大海地产项目争相标榜的证言，对“蓝色”海洋生活的向往跃然纸上，浮想无边。中国人对居住地的价值偏好，已在这少少的十几字间，泛起了淡淡的蓝色。

而汶川地震，更加速了中国人从山林走向大海的居住历程。回看这场浩劫，摧毁的不仅仅是生命、建筑、城市，她更深层次的毁灭来自于中国人代代相传的价值体系。农业大国与封建社会一直延绵下来的“守富”心理，在那一刻彻底瓦解。人们开始掂量起自身与财富之间的价值分量：开始思考“为自己活着”还是“为下一代活着”的历史命题。终究，有一批人先跳出了这个池塘，就像亿万年前第一群跳出水域的鱼一样。一种多元化的、开放型的、包容性的价值体系主导了现今中国的居住潮流。从雅居乐·清水湾的销售数据可以看出，云、贵、川的客群数量一度占到惊人的40%，这或许就是中国人从“山居”走向“海居”的一次管中窥豹吧。

今天的中国人，
走向海洋时的心绪已非竹林七贤的抑郁，而是一种积极主动的追求和补充。
正处于价值体系重建的中国人，
以一种“换个活法”的姿态，奔向蓝色的海。

从“独钓江雪”
到“面朝大海，春暖花开”
—— 海，之于中国人的人文意义

毫无疑问，儒家思想在华夏民族的行为规范中占据着主导性的地位。“三纲五常”，“忠、义、礼、孝、悌”一直是悬在中国人伸出手掌上的一把戒尺。久而久之，在自然、人与社会这三层关系里，人与社会显然更加亲密，而自然大多在三者中扮演着“疗伤者”的角色。纵观历史，哪有于朝野中呼风唤雨者，会吟出“孤舟蓑笠翁，独钓寒江雪”的苍凉？竹林七贤也好，杜甫、李白也罢，于山水间游走的，却是仕途未卜的私愤而已。

明 沈周 寒江独钓图 绢本

而今天，自然、社会、人的三角关系，却在这愈演愈烈的城市化进程中，发生了巨变。越来越快的社会节奏，为名利地位的超额付出，在不断的冲击人作为动物的生理底线。社会像一只钢筋铁骨的兽，一口口吞噬着我们的时间、精力与幸福。在近几年“幸福指数”的综合评定中，中国居世界倒数第4位，仅高于埃塞俄比亚等三个国家。

今天的中国人，走向海洋时的心绪已非竹林七贤的抑郁，而是一种积极主动的追求和补充。正处于价值体系重建的中国人，以一种“换个活法”的姿态，奔向蓝色的海。

作为对“社会”的一种平衡或是弥补，“海”之于当代中国人的人文意义，更多的是享乐主义，是积极应对，是善待自己，是热带阳光里古铜色皮肤上灿烂的笑。

雅居乐·清水湾“Second life”品牌塑造，正是建立在“换个活法”的愿望基础上的。

从清水湾小小的半岛上
可以一览无余的看到双湾交汇
一边是沙滩一边是礁石的奇特景观

这次初访除了留给我们的美好印象，
更在心底潜藏下了一种莫名的使命感，
就像我们在之后的创作中，写下的一个标题：
我们不能辜负这片海。

清水湾，不能辜负的一片海

—— 海，Second life的资本舞台

清水湾工地上
深蓝色的夜幕里一轮孤月
工棚里的橘色灯光显得格外温暖

2008年3月，应雅居乐集团邀请，我们第一次赴清水湾实地考察。之前能做的功课非常有限，对清水湾的认识仅限于雅居乐集团提供的一份简单资料，和网络上零星的几张图片与文字。

到达陵水英州镇，雅居乐·清水湾临时办公处，已过18点。没作停顿，我们径直赶往了这片神秘的海。这时的天空，没有像城市那样黑下来，而是呈现出一种深邃的蓝。我们就是在那片深蓝中踏上了清水湾这次品牌塑造之路。

当时的清水湾，是个荒芜巨大的工地。散落在坑洼泥泞地的工棚里，桔色的灯光令人记忆深刻。在如魔笛般召唤的潮浪声中，我们的双脚终于踏上了这片神秘的海滩。深蓝的天幕下，这片海如圣女般朦胧的美。与城市喧哗迷离截然而立的静谧里，潮浪声宛如天籁。已不记得当时的夜空里是一轮钩月，或是满月，只是有一种心灵被放空的感觉，一种难得的释怀。

第二天，才得以见到清水湾的真容。长长的海滩在眼前舒缓的弯出一道漂亮的弧线。赤足踏在细幼的沙滩上，被阳光晒得发热的沙砾随着脚步一次次漫过脚面，温存得像恋爱的体温。是的，这里的沙砾真的会唱歌！一路下来，这样的惊喜绝不在少数。登上右侧的半岛，你会看到一半是沙滩，一半是礁石的奇观。立于半岛之巅，眼前的海，像一匹宽阔的蓝色绸缎，铺满了你整个的眼幕。这时，你是需要张开双臂的，迎着海风，闭上双眼，整个海洋仿佛都在你的怀中。“东临碣石，以观沧海”的曹操或许就是这种情怀罢。

这次初访除了留给我们的美好印象，更在心底潜藏下了一种莫名的使命感，就像我们在之后的创作中写下的一个标题：我们不能辜负这片海。

夕阳下

工程车黑而硬的线条，与非洲金刚鹦鹉般的七彩天际无言的对峙

其时的清水湾，有一种原始的荒蛮之美

2

Second life

雅居乐·清水湾十年大品牌之路

世界上有这样一群人
他们体内流淌着桀骜不驯的血液
时间不是既定的行程，财富只是游走山水的载体
对挑战自我乐此不疲
懂得何谓人生真正的价值
如阁下所知
我们把这种人生称之谓“第二人生”

这是写在雅居乐·清水湾品牌书上的第一段文字。这是对“Second life”的一段白描，一次概括。但我们更愿意把她看作，对当代中国人生活方式的一次颠覆与标榜！

人最本初的自然属性，在这场愈演愈烈的城市化进程中，
成为了现代中国人难以企及的“奢侈品”。

城市化进程下的牺牲品

——“Second life”的时代洞察

没有一个品牌，可以孤立于时代与社会之外。中国房地产行业更不例外。雅居乐·清水湾“第二人生”品牌塑造的成功，正是建立在对当下时代社会的洞察之上。

中国自改革开放以来，伴随经济的高速增长，城市化进程日益加快，其速度远远超越欧美。英国用了90年时间，将城市化水平从26%提高到70%；美国、法国相近的进程，则耗费了百年。反观中国，从1993年的28%提高到2003年的40%，仅仅10年，以这样的速度，只需要英国一半时间，法国和美国三分之一时间，中国将走过同样的

城市化进程。这完全称得上是个国家奇迹。

然而，国民实力、生活水准与日俱增的城市化奇迹背后，随之而来是人的社会属性被无限放大。这一新的社会现象以另一种姿态显现出来：现代中国人，如同一个个《摩登时代》里的卓别林，进化成城市机器运转链条中的一环，在社会发展的大潮驱动下，在不断加速的机械化生活节奏里，工作成为了唯一的主角，时间不再纳入自我的支配范围。人最本初的自然属性，在这场愈演愈烈的城市化进程中，成为了现代中国人难以企及的“奢侈品”。

压力、焦虑、亚健康，越来越多的人被动的出现“生理反抗”；越来越多的人意识到工作、财富不应该就是生活的全部。心力俱疲的卓别林们，渴望一片绿地，一片阳光下蓝色的海。

就像是60年代的美国，现今中国郊区化居住的兴盛正是这种需求的隐性体现。以“LOHAS”为引领的欧美自然主义生活方式，得以为越来越多国人的认同与效仿。

不愿成为城市进程牺牲品的中国人，渴望自然属性的回归，他们呼唤城市之外“第二人生” 的早日到来。

毫无疑问，他们是聚光灯下的焦点，他们站在社会需仰视的位置。
但光环的背后，他们承受着超乎常人的压力，他们是不折不扣的“空中飞人”，
他们的时间属于企业、社会，唯独不属于自己。
中国财富阶层对回归自然属性愿望的强烈自不言而喻。

不堪重负的中国财富阶层

——“Second life”的市场洞察

度假，正逐渐成为中国财富阶层的重要消费特征。万事达卡中国富裕阶层指数显示，2006年93%的富裕家庭在休闲活动方面的花费高达1万美元。其中旅游是最大的支出项。过去一年内，43%的富裕阶层至少在国内度假三次，30%的富裕阶层一年出国旅游至少三次。而其中，近三分之一的北京富裕阶层热爱滨海度假圣地。

早在上世纪80年代，联邦德国与法国的度假旅游者就已达到其全国总人口的58%；而英国的这一比例更高达70%。而滨海度假更是成为了大洋彼岸普罗大众的日常生活内容。1985年英国出国度假旅游者达1490万，特别是在7、8月份，每年约有3/4的人去地中海沿岸海滩胜地度假。

如此度假消费大潮背后的推动因素何在？历史也许会给我们答案。

在城市化进程先于我们的西方发达国家，大众化的休闲度假始于19世纪。随着经济发展、在中产阶级规模扩大，群体财富增多的同时，城市生活的幸福感却在下降，

中国富裕阶层的黑白两面

快速发展下的城市环境问题日益加剧，最终使得休闲度假，作为一种补偿性消费行为，在欧美等国家日益活跃。这与当代中国的现状何其相似。

财富阶层在这次消费行为中（尤其在度假尚未普及的初期阶段），扮演着意见领袖与主力消费者的重要角色。毫无疑问，他们是聚光灯下的焦点，他们站在社会需仰视的位置。但光环的背后，他们承受着超乎常人的压力，他们是不折不扣的“空中飞人”，他们的时间属于企业、社会，唯独不属于自己。中国社会“仇富”的原罪偏见更加重了他们本已不堪的负荷。中国财富阶层对回归自然属性愿望的强烈自不言而喻。

要实现与竞争对手的品牌区隔，
我们必须跳出物理诉求的局限，从精神层面提炼品牌的核心。
事实证明，“Second life”为雅居乐·清水湾
开创了一片没有对手的品牌领空！

我们的竞争对手，
可以很多，也可以没有

—— “Second life”的行业竞争洞察

我们的竞争对手，可以很多，也可以没有！

这是我们第一次对雅居乐·清水湾进行提报时，PPT上的一句原话。

单纯从物质层面对比，尚未“成名”甚至是“知名”的雅居乐·清水湾，存在着众多竞争对手：半山半岛、三亚湾·美丽新海岸、鲁能·三亚湾、海棠湾……产品形态同质化，核心优势不明显，而不为人知的陵水更是当时不能回避的短板。

如果我们选择与海南绝大部分地产项目推广同样的方式：单一化、浅层次围绕“海”的定位与诉求，同质化严重的品牌印记。那么，雅居乐·清水湾必将陷入无休止的混战。要实现与竞争对手的品牌区隔，我们必须跳出物理诉求的局限，从精神层面提炼品牌的核心。

事实证明，“Second life”为雅居乐·清水湾开创一片没有对手的品牌领空！

Sea
Second life

海南环岛东线高速公路
海口
英州入口
三亚
金色果岭
蔚蓝高尔夫
清水湾大道
国际品牌城
蔚蓝海岸
高尔夫球场 会所
湖畔商业中心
莱佛士
星海传说
卓美亚酒店
洲际假日酒店

雅居乐 · 清水湾总规划图

雅居乐·清水湾每一个看似简单的数据，

几乎都在创造度假地产领域的“中国之最”。

先天的巨大资源优势，加之雅居乐地产宏大的构想，以及后续的大手笔投入，

一个堪称“国度”的人生胜地，正在中国的版图上渐渐浮现。

一个堪称“国度”的人生胜地

——“Second life”的品牌自身洞察

从字面上都能读到："Second life"绝非一个小的命题。若没有一个足够份量的项目承载，"Second life"只不过是一个浮于纸面的空谈。还好，无论从项目体量、建造规格还是开发实力，雅居乐·清水湾已搭建好了一个重量级的舞台，等待着这出宏大人生舞台剧的上演。

数据也许是最好的佐证。

从项目自身来看：1.5万亩的规模；长达12公里的海岸线；先天的优质海资源（国家一级水质，海水能见度清达11米，平缓沙滩涉水200米，水深不超过2米）；全球仅三处的会唱歌的沙滩……

从规划设计上看：54洞国际滨海高尔夫球场；6家国际顶级度假酒店；贵族游艇会；16公里景观大道……

从开发实力上评估：雅居乐地产倾全集团之力，携手摩根士丹利，并集合了国际顶尖设计团队，总投资逾200亿。

2010年国务院的一纸文件，作为海南省“十一·五”重点建设项目的清水湾，更是名列其中。

在2008年，雅居乐·清水湾每一个看似简单的数据，几乎都在创造度假地产领域的“中国之最”。先天的巨大资源优势，加之雅居乐地产宏大的构想，以及后续的大手笔投入，一个堪称“国度”的人生胜地，正在中国的版图上渐渐浮现。

舞台已然搭建，时代的幕布徐徐拉开，从“黄色文明”奔向“蓝色梦想”的中国人，座无虚席的等待着属于自己的“蓝色生活”华丽上演。

美妙的现代童话，有没有在真实世界实现的可能？
这个大胆的猜想，
使我们将“Second life”与雅居乐·清水湾联系在了一起，
并最终实现了价值嫁接。

从一款网络游戏中得到的启示

——“Second life”的源起

热衷于网络游戏的人，不会对“Second life”陌生。2003年，这款名为《Second life》的网络虚拟游戏推出市场，并迅速风靡全球。

Mike在这里设定虚拟概念店，推广其概念产品；虚拟货币与真实货币建立起汇率。人们在这个拥有一切可能的世界里，成为歌星，成为金融巨子，成为他想成为的那个人。

《Second life》何以如此风行？其风行的背后，究竟是现代人怎样的心理驱动？作为专注于传播领域的我们，早在几年前，便将其立为重点案例关注与研究。在此，我无意对《Second life》的爆发性成功进行过多的研究。只是想究其对于现代人的意义之根本所在。而这个根本正是雅居乐·清水湾品牌塑造的成功本源。

这是一种不满，这是一种宣泄，这是现代社会重压下，人们在精神世界的一次“揭竿而起”。渴望摆脱现实重力却无从摆脱的人们，以这种虚拟世界的“重生”

获取了另一次的生命体验：没有压力，没有无法实现的梦想，没有哲学般的人生拷问，这次奇妙的生命是每一个现代人的“爱丽丝仙境”。

是的，就是这种新生命体验，筑起了《Second life》成功最大的基石。这个美妙的现代童话，有没有在真实世界实现的可能？这个大胆的猜想，使我们将“Second life”与雅居乐·清水湾联系在了一起，并最终实现了价值嫁接。

一个可持续生长的大品牌策略，
必须能同时满足“Discovery品牌审视”的四个维度。
“Second life” 之于雅居乐·清水湾，
是否具备了这样的品牌生命力？这是我们找到品牌核心之后的一次反证。

品牌，绝不是无中生有

—— “Second life”的品牌审观

品牌差异性

品牌首先需要不一样（在成熟细分市场）。“APPLE”之所以立于行业之巅，引领行业。“Think different”绝不是一句空头口号。

当2008年，海南一众项目均从产品卖点着力的时候，以关注现代社会生存状态的“Second life”，从立意便立于最高瞻的层面。对于生活的新价值倡导，让雅居乐·清水湾拥有的不再仅仅只是资源、体量，而是凌驾于其他项目之上的一种姿态。

品牌包容度

品牌就像一个容器，容器的容量大小直接决定了品牌的包容度。

大品牌必定需要一个大的容器。“Second life”几乎涵盖了人们对于城市，社会属性另一面的所有梦想，这个容器最大的刻度，源自于人们对另一次完美生活的最高想象：像理查德·布兰森一样乘热气球横跨大西洋，像CNN的总裁泰勒一样夺得大帆船冠军，是每一个成功人士刻于内心的铭牌。“生命不止于成功，生命才刚刚开始”的独白，时刻在鸣响。

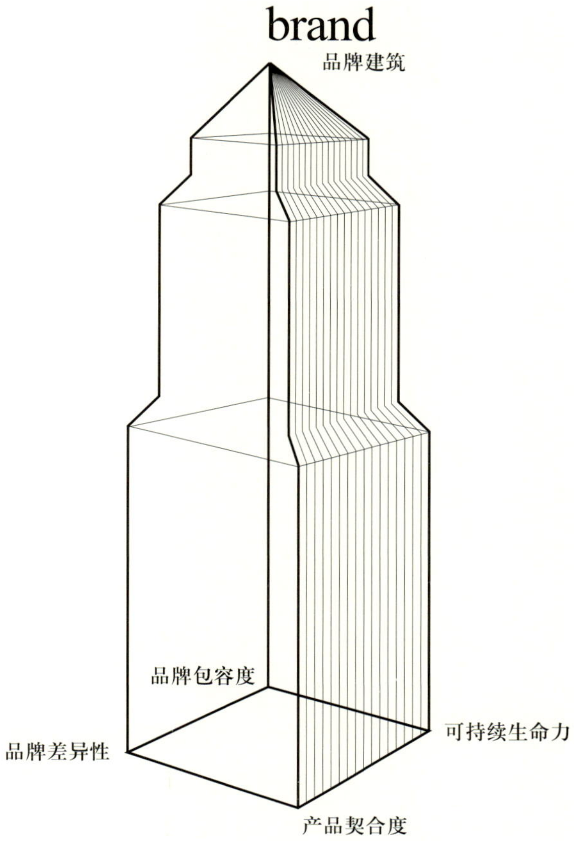

Discovery品牌审视图

如果把品牌比作一座建筑，

那么“Discovery品牌审视”

实际上就是对这座建筑的地基工程的一次质量监察。

不能同时兼顾四个维度的品牌，

就像是地基没有夯实的建筑，出问题是迟早的事。

可持续生命力

只要对生命有原始本初的渴望，就会有“Second life”的舞台。

这决定了这一品牌策略的可持续生命力。而在城市化进程加剧的现下，人生价值重组，人生价值多元化已加快了她在中国社会的步伐。不满足于名利场的成功，不满足于社会财富创造者单一角色的中国人被时代的新浪潮，被动或是主动的推向了摩天大楼外最广阔的人生舞台。

产品契合度

最适合的品牌策略，才是最好的品牌策略。与项目的契合度，将决定这一品牌策略。是高高在上，徒有虚表；还是能深深的，踏踏实实的根植于项目，这是品牌审视中“最下泥巴”，却也是最关键所在。离开了泥土的品牌，绝不可能长成参天大树。

海，作为一切生命的起源，对于人始终保持着如子宫般的吸引，如果人真是从鱼变过来的，那么海一定会是我们最初的故乡。让“Second life”与海，与雅居乐 · 清水湾紧紧连在一起的，不仅仅只是对生命的原始猜想。也基于一群榜样的力量，理查德 · 布兰森、泰勒……他们让“Second life”的光芒在无限的蓝色中闪烁。数据可以说明问题。现代中国有67%的人选择旅行地的时候，会选择海边。中国人走出财富聚光灯的光环的同时，亦走向了大海，走向了“Second life”。

而建于这条蓝色迷人曲线上的一众滨海高尚生活元素，则为“Second life”提供了最绚丽的舞台。激情澎湃的海上运动，白色高飞的小鸟球，是最动感的自我释放；酒店临海露台的Party是众乐乐，温泉里的异想天开，是独乐乐；名品城里的一掷千金，是最快意的自我放纵；猴岛的猎奇、鱼排上最原味的饕餮、16公里景观大道上的自由……如若雅居乐 · 清水湾没有拥有如此傲人的条件与企图，“Second life”只不过是一群传播人的“意淫”罢了。

3

从视觉识别到“品牌恋爱”

这些来自市场的声音告诉我们，“视觉识别”淡出舞台的时候到了。

在品牌的漫漫长路上，是否可以创造出一种超越视觉，甚至超越感官，

由心而外的“品牌识别”？

是的，“品牌恋爱”就是在这样的时代需求下，一步步勾勒出了她迷人的轮廓。

上个世纪七八十年代，风靡全球的“企业形象设计”（CIS）由日本传入中国。一时间，最易模仿与嫁接的“视觉识别”（VIS）成为了中国几乎每一个企业，每一个品牌最重头的功课。其统一而规范的视觉管理系统，令企业受益匪浅，尤其是全国性品牌。但随着社会对品牌需求的日益提升，“企业形象设计”不可避免的成为品牌建设中的一块鸡肋，首当其冲的就是曾一时风光无二的“视觉识别”。曾经引领品牌走出衣衫褴褛的杂牌军时代，旗帜鲜明的站在国人面前，而今却成为了阻碍品牌进一步深化的保皇党。

程式化的视觉规范，早已无法应对各种传播渠道的个性需求；相对单一的视觉统筹，抵挡不住来自全方位感官的诱惑；刻板的机械复制，早已为喜新厌旧的当代国人所不齿……80年代的弄潮儿，如今已是残阳下垂垂老矣的一个背影。

这些来自市场的声音告诉我们，“视觉识别”淡出舞台的时候到了。在品牌的漫漫长路上，是否可以创造出一种超越视觉，甚至超越感官，由心而外的“品牌识别”？是的，“品牌恋爱”就是在这样的时代需求下，一步步勾勒出了她迷人的轮廓。

当然，任何一个品牌都绕不过“视觉识别”这个环节。我们对一个品牌的认知绝大多数来自于我们的视觉感官。但光有视觉识别就够了吗？一个让你厌恶的视觉感受也会给你足够记忆。识别是做到了，可是最终要达成的好感、购买，甚至热爱的彼岸却消失了。品牌之于我们就像是一场恋爱中的彼此，恋爱何止视觉？

品牌恋爱，是怎么开始的？是一个好的Logo，是一个有倾向性的色彩选择，是一首歌曲，是一种莫名的味道，或者是销售人员一次看似不经意的贴心关爱……是的，“恋爱”绝不是一种或几种被割裂的感官感受，她是某一时刻心灵的震动。当这种叫做“Love”的东西出现在你的心里时，她是视觉、还是味觉，或者其他？就像萨拉丁，波斯的国王与十字军领袖沙场上的一次对话：“耶路撒冷对你来说意味着什么？”，波斯王回答：“Noting，everting.”。是的，这就是“品牌恋爱”，什么都是，什么都不是。

视觉识别只是完成了认知，乡下简易的厕所上涂抹的“WC”也能起到视觉识别的作用。而品牌恋爱与之最大的不同有两点：一是在于有了情感。她令视觉识别不再是一次直接粗鲁的机械表达，而是一次由眼及心的愉悦告知；二是在于品牌识别不再只是一方对另一方的告知，二是形成了“对象-感知-喜悦-反馈”的环状沟通通路。

品牌恋爱

她首先是一次愉悦的品牌体验。与传统的视觉识别相比较，她集合了视、听、嗅、味、触五感体验，并由此及心，辐射至各个消费体验环节，令受众全方位感知如恋爱般的品牌体验。

中国书法在汉字序列中的始祖地位，以及形骸放浪的艺术张力，
最终成就了这款Logo。之后海南其他项目的纷纷效仿，是当今社会
审美认可的最好例证。

一个好的Logo，是一个品牌的开始

—— 中国地产品牌文字型Logo的前景

一个好的Logo，常常就是我们对于陌生品牌心生的第一次好感。放大来说，也是一个品牌迈向伟大品牌的第一步。今天，我们所看到的雅居乐·清水湾的Logo，经历了很多次的创作、否定、再创作。如果一定要把整个创作过程放进恋爱的手册里，我想一定是场“苦恋”。还好，结局是美好的。

在雅居乐·清水湾的Logo创作过程中，是以否定开始的。这个思路，在熙悦近些年的Logo创作中很明显：否定图形化Logo的创作方向。在愈演愈烈的现代传播环境中，我们经常会为了凸显项目名（产品名），而把图形式Logo缩小放置于一个视觉角落，像刚入门的妾室，在整个传播平台上可有可无。为什么不省略图形？为什么不可以纯文字Logo表达？是的，跳过传播的弯路，Logo直接承载案名文字传达功能，是一个好途径。

文字型Logo的成功与否，在于文字造型设计。在雅居乐·清水湾的Logo创作过程中，我们参考了很多亚洲字体设计师的风格，却最终回到了中国书法这个饱含华夏民族智慧的长路上。为什么不是结构型设计？为什么不是现代风格？为什么不是……

最终的设想，都服从于调性的需求：一、气场。雅居乐·清水湾1.5万亩的体量和无人出其右的规划，需要她无人出其右的气场。二、自由。第二人生的国度，不需要秩序，不需要规则，不需要密密麻麻的日程表，这里是自由自在的代名词。中国书法在汉字序列中的始祖地位，以及形骸放浪的艺术张力，最终成就了这款Logo。海南其他项目的纷纷效仿，是当今社会审美认可的最好例证。不难预见，文字型Logo创作，将主导中国地产品牌Logo的发展。

雅居乐 · 清水湾Logo的过程设计方案

上一：这是最早的一款Logo设计方案，主旨在于突出“山水田园图”视觉图腾，字体则以楷体为基础设计。
尽管最终未被采用，但基本确定了设计的基调，而“山水田园图”作为视觉辅助亦得到肯定。

上二：这款Logo设计方案更多的倾向于字体的设计美感。但今天看来太过设计感、雕琢感的视觉感受，并不是清水湾最适合的方向。

上三：这款Logo设计方案与上三款亦存在同样的问题，“第二人生”天然去雕琢的自由感受无法得到很好的释放。

上四：这款Logo设计方案是从海水的律动中汲取灵感，令视觉呈现出波纹一样的飘逸灵动，这个思路亦不失为一个好的方向。

雅居乐 · 清水湾Logo的横式竖式设计

设计原则

作为如此体量与规模的里程碑式项目，如何体现其大气与厚重感，是在logo设计中的首要任务。同时，对案名的识别度也不应被忽视。

Logo设计应以字体构成为主导

其作用如下：首先，在推广中，将第一时间解决识别的作用；第二，对于清水湾如此体量的大型项目，字体设计可以有更大的涵盖性与包容度。

Logo的字体选用，应以可经历时间的审美为准则

清水湾是一个要开发多年的项目，如何令Logo经得起时间的考证是这次设计的核心。在反复的尝试中，采用名家的书法字体这一构想逐渐明确。其不因时间流逝依然魅力独具的美学气质，应该就是最好的视觉表达。同时，其厚重与大气更是和项目的气质一脉相承。

Logo中“海南”与英文字的字体设计强调时代感

海南的字体设计，之所以采用偏欧洲审美的设计，基于两点：一、籍此为整个Logo注入时代感，增强活力与构成感；二、很好的中和了书法字体偏古的气质。

Logo中“海南”的印章设计理念是最好的表达

印章与构成式的字体设计，形成了很好的视觉美感。而印章概念与书法字体相得益彰，更是设计最匹配的方式。

辅助图形，文字型Logo的“咖啡伴侣”

—— 一幅白描的 “山水田园图”

世界上没有十全十美的事物存在。图形化Logo的视觉导向，就是文字型Logo所缺失的一角。如何弥补这一缺失，方法很多。而辅助图形则是最好的“咖啡伴侣”。

在雅居乐 · 清水湾的视觉识别设计中，如何最大化展示清水湾轻松写意的生活状态，是对Logo最好的补充，也是对“Second life”最直白的演绎。蓝色律动的海洋，层层叠翠的山峦，我们扬帆，我们生长……一幅白描的“山水田园图”定格在了电脑上，也定格在了雅居乐 · 清水湾几乎所有的传播界面上。

上：“山水田园图”在礼品包装上的应用

下左：“山水田园图”在样板间提示物料设计中，采用金属腐蚀镂刻工艺

下右：“山水田园图”应用于CD光盘设计

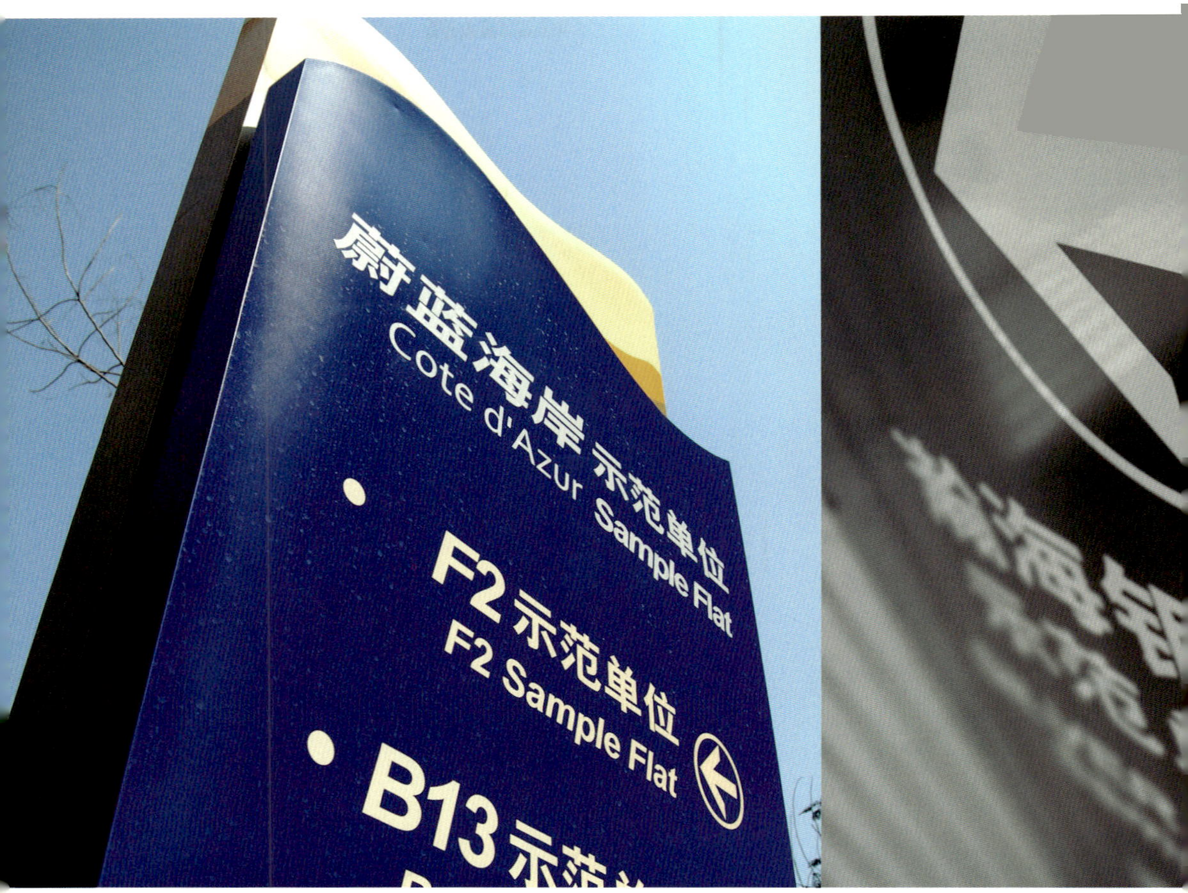

海浪轻柔的冲上沙滩，复又退去，白色的浪花弯成一条条漂亮的弧线，
像中世纪盛装的裙角在夕阳里飘舞。
这一条条不同的律动，成为了这次导视设计的灵魂舞者。

像工程师一样思考

—— 大型地产项目层级制导视系统设计

大型地产项目的导视系统设计，与其说是创作，不如说是个工程。

不同的组团，需要专属的、不同调性的设计；市政路，项目内多级道路，需要有层级性区隔的指示；室内外不同的视觉需求；行人与车辆不同的导视习惯……所有的所有，都需要从一开始得到完美的解答。

当然，导视设计首先需要的仍是创意。雅居乐·清水湾的导视系统，是对海洋的一次有趣延伸。既然海是清水湾的第一生产力，那么，海理所应当成为设计的核心。我们是在清水湾一个潮汐的黄昏找到了灵感。海浪轻柔的冲上沙滩，复又退去，白色

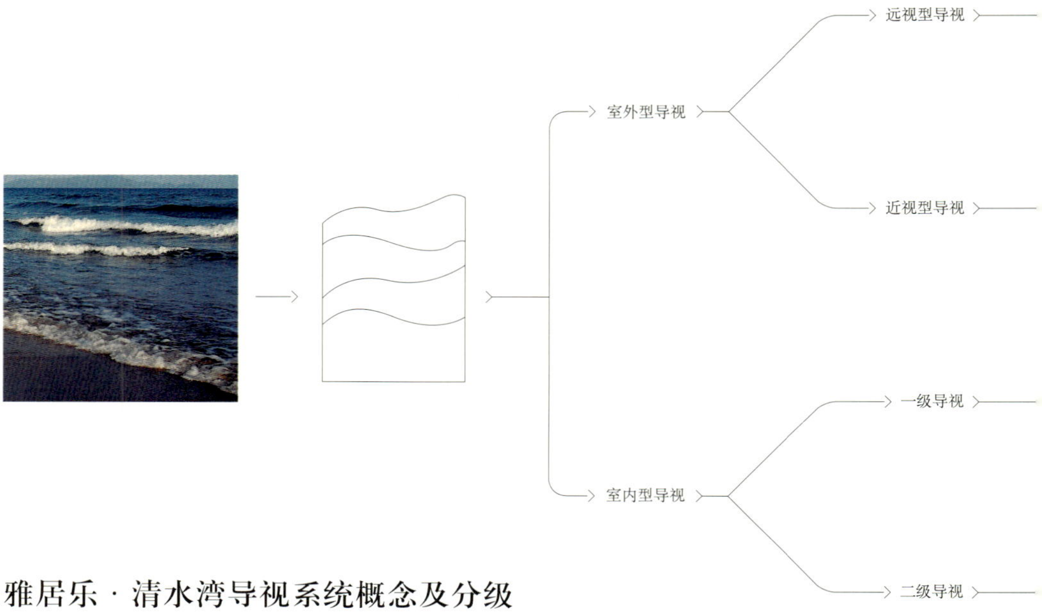

雅居乐·清水湾导视系统概念及分级

的浪花弯成一条条漂亮的弧线，像中世纪盛装的裙角在夕阳里飘舞。这一条条不同的律动，成为了这次导视设计的灵魂舞者。

然后，便是前瞻性的规划与统筹。以不同的色彩，界定雅居乐·清水湾不同组团的独有气质：一级导视的棕金色组合，高尔夫组团的绿，一线海景组团的银色，河畔

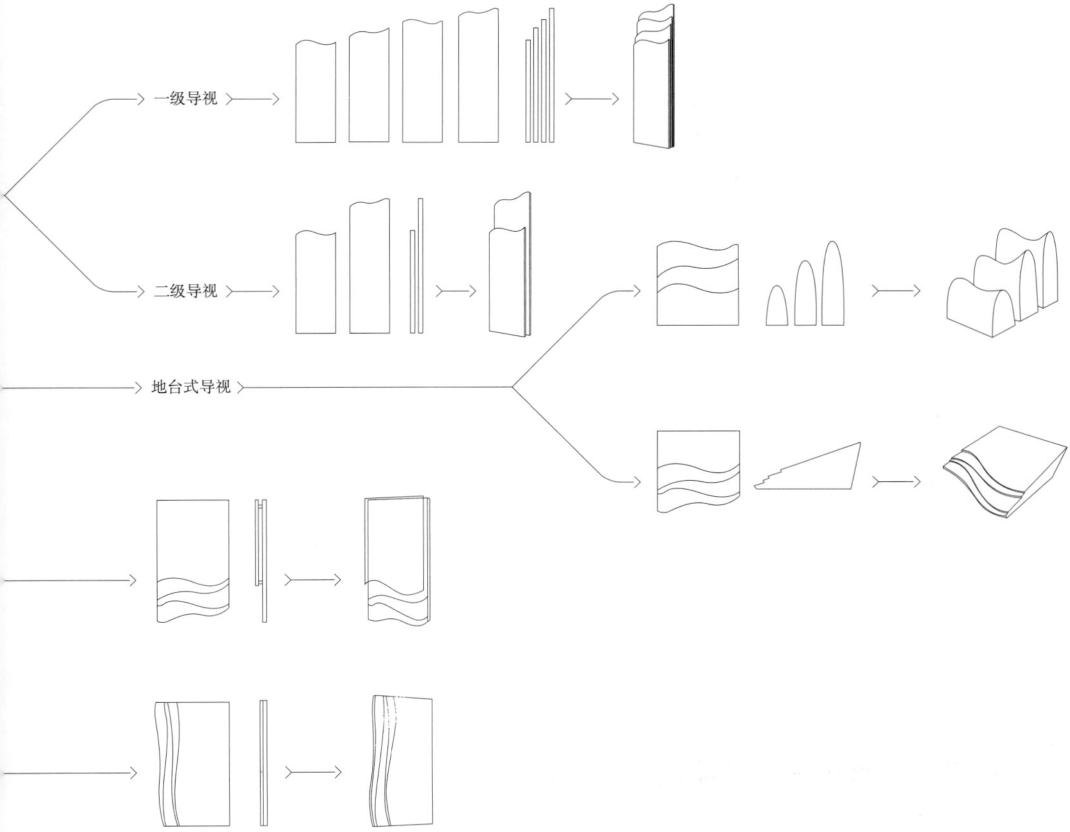

商业街的缤纷……以不同的材质与工艺，令导视设计最完美的融入环境；以不同的规格与形式，适用于行人与车辆、远近距离的导视需求……

雅居乐·清水湾的导视系统，正是从设计之初便制定出一套完整的分层级、分组团、分功能的导视模块，并予以严格规范的执行。

洗手间
Toilet

签约区
Signing Contract Area

Please Do Not Sit
请勿坐卧

办公重地
非工作人员
请勿入内
Staff Only
STOP

雅居乐·清水湾导视的执行非常到位。层级的严格规范，材质与工艺的高规格要求，执行成果与设计效果的一致性，均达到了很高的水准。美中不足的是，地台式导视因工程进度原因，始终未得以实现。这种可以很好规避“视觉污染”的导视形式，只能遗憾的以设计图方式呈现了。

雅居乐 · 清水湾导视系统色彩规范

主导视色彩规范

清水湾棕 + 红金色

雅居乐 · 清水湾导视系统色彩规范，基于对各个不同组团及配套自身的特质与定位，以色彩进行规划与传达，进而形成有差异化、有专属性的色彩体系。从实际效果来看，这种色彩的区隔规范，令导视作用更为直接与便利。

瀚海银滩：作为迄今清水湾最高端的组团，寓意地位与尊荣的金色，在厚重的清水湾棕色的烘托下，很好的给予了瀚海银滩色彩上的定位。

金色果岭：高尔夫本源的绿色与有着身份象征意义的金色，成为了该组团的色彩规范。在金色果岭其他的传播中亦贯彻了该色彩组合，效果颇佳。

蔚蓝海岸：顾名思义，蔚蓝海岸蓝色色系的采用（由不同纯度、明度的蓝色组成）源于案名，同时可以呼应到该组团人群相对年轻、活力的特质。

湖畔商业中心：商业最好的状态是热烈且缤纷的，采用纯度高的五色组合可以非常到位的表达。

金色果岭

果岭绿 + 红金色

瀚海银滩

清水湾棕 + 红金色

蔚蓝海岸

深海蓝 + 多层级自由蓝

商业中心

清水湾棕 + 缤纷色

冬天，恋人们依偎在冰凉的长椅上，忍受着风和目光。 ——周国平

只要我们有意识、有诚意去制造一张“恋爱的长椅”，
那么“品牌恋爱”就不会离你那么遥远了。

一张品牌恋爱的长椅

—— 销售终端的五感催化体验

恋爱，是一场全方位、全身心的体验。品牌恋爱亦是如此。

一张公园僻静处的长椅上，有世界上最完美的面容，最动听的声音，最温暖的拥抱……这哪是一张长椅啊？这是一次所有感官的魔法之旅。是的，我们就是要把销售终端做成一张品牌恋爱的长椅。从视、听、嗅、味、触五感建立全角辐射体验，把“Second life”的自由因子散播在清水湾每一立方空气里。

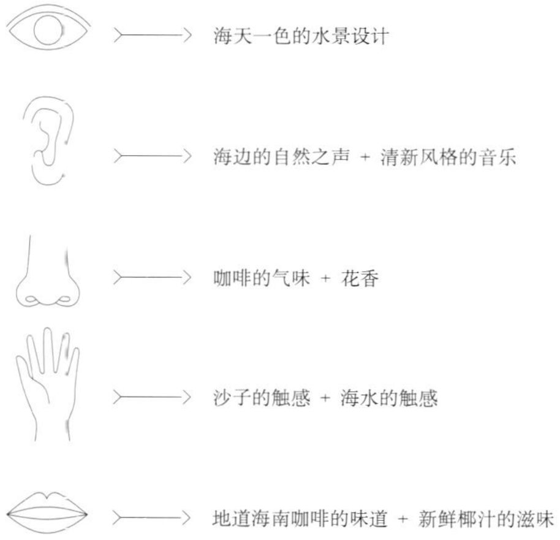

视觉刺激，雅居乐·清水湾做得很优秀。大型销售中心临海而建，面朝大海的水系设计，极大的拉近了人与海的距离，营造出海天一色的视觉盛事。

海的潮汐，风吹过椰树的沙沙声，自然，无疑是听觉的主角。再辅以小野丽莎、恩雅的轻吟浅唱，嗯，第二人生的感觉刚刚好。

现场煮制的海南咖啡淳朴的味道，夹杂着偶来的阵阵桂花香，嗅觉感受就这样悄悄的弥漫了整个销售中心。对了，在海南哪离得了椰子的清香？味觉体验，在Warter将椰子递到你手中的时候，早已开始。

海南，是触觉享受的天堂。当清水湾温热细腻的沙子没过脚面的那一刻，当跳跃的浪花溅湿衣裙的尖叫声中，自然与人的关系重修于好。清水湾在触觉体验上，何需刻意营造？

事实上，在雅居乐·清水湾销售终端的五感体验营造中，我们人为的创作不多，而是顺其自然的把这片天生丽质的海，运用得恰到好处。当然，并不是每一个项目，都拥有像清水湾一样的先天资本。但只要我们有意识、有诚意去制造一张“恋爱的长椅”，那么“品牌恋爱”就不会离你那么遥远了。

傍晚时分的清水湾销售中心，水景、海与天空中的晚霞连成了一片

当我们把清水湾的海水、沙、贝壳，甚至是海风，都装进瓶子里的时候，
一套独一无二的创意礼品诞生了。我们把海南整个儿的送了出去。

我们把海南整个儿的送了出去

—— 关于销售型礼品设计的思考

礼品，本身就是一件极锋利的恋爱道具。在房地产推广中（尤其是高端物业）得以广泛应用。但真正能把这个道具用好的，却不多。

雅居乐·清水湾的销售礼品设计，我们把体验放在了第一位。有没有这样的设计，在打开礼品包装的那一刻，阳光明媚的海南便伴着温润的海风扑面而来？最伟大的创意，往往来自原点的回归。这样的创作历程，我们经历过太多。这次也是同样。“我们为什么不可以把海南直接放在盒子里呢？”正是这个听起来很“愚蠢”的想法，令我们设计出了一件“作品”，方案全票通过。

直到今天，我依然认为这是一个太棒的创意，
唯一输给的是时间、精力以及我们这个什么都等不及了的商品社会。

当我们把清水湾的海水、沙、贝壳，甚至是海风，都装进瓶子里的时候，一套独一无二的创意礼品诞生了。我们把海南整个儿的送了出去。正是这种“品牌恋爱”式的设计思考，为我们找到了一张“恋爱的小板凳”。也正是这张不起眼的小板凳，在之后很多地产品牌设计中，屡屡起到奇兵的效果。

种种原因，方案并未付诸实施，但这个“把海南放在盒子里”的思路，很好的在雅居乐·清水湾销售物料设计中得以延续。

清水灣
Clear Water Bay
雅居乐·海南清水湾
2008年12月1日 首度全球发售纪念
海南
清水灣
Clear
Water
Bay

4

一次关于“Second life”的对话

雅居乐·清水湾的楼书，其实就是一次文本上的对话，是我们与中国财富阶层关于生活方式的一次侃侃而谈。

从一开始，我们就没把这看作是一本“楼书”。

中国房地产传播走到今天，楼书已经成为其重要的组成部分。没有楼书，就好像传播的舞台上缺了件道具。但楼书在房地产传播体系里，功用何在？现在的很多发展商并不清楚，只是为做楼书而做楼书，求个安心。从头来看，这个叫做“楼书”的道具，其存在的价值大抵在于可细致全面的介绍项目罢。相对于电视、报业、户外、网页等告知性媒体，楼书的全面与深入是其无法取代的。可以随时阅读，不受时间的制约，是楼书的另一种优势，实际上就是图书的优势。至于电子楼书与纸质楼书，只不过是介质上的不同罢了。这无疑是楼书最显性的作用力。而在近些年的地产传播中，一个隐形的功用也在慢慢显现：品牌力。在我们服务方圆地产诸多项目的过程中，尤为凸显。楼书最大的功用不再是简单的产品介绍，而成为一种超越产品的品牌文化符号。更注重文化内涵与可读性，对生活方式的倡导，令很多人不再将其视作一本“楼书”，而是一种文化收藏。

雅居乐·清水湾的楼书，其实就是一次文本上的对话，是我们与中国财富阶层关于生活方式的一次侃侃而谈。

IT IS YOUR
SECOND LIFE
你的国度 你的第二人生
清水灣
12公里海岸

我们要和中国的财富阶层私下里聊聊天。
坐在他们熟悉的位置，喝着他们喜欢的饮料，耳边是他们最喜欢的音乐……
对，就在这样的氛围里，开始对“Second life”的探讨。

与李嘉诚谈谈

—— 雅居乐·清水湾楼书创作基调

你一定还记得，
10年前第一家公司成立时，24小时不分昼夜的工作成为了你生活的全部；
也一定还记得，
从公司总部迁址曼哈顿的那天起，你再也没有安安静静的喝过一杯普洱茶；
更不会忘记，
为了公司的成功上市，会议室变成了客厅，商务舱变成了睡床；
……
这些真的就是你人生的全部吗？

这是雅居乐·清水湾楼书里的第一段话。是的，我们就是这样，和李嘉诚聊起来的。这就是我们对于这本楼书的设定：我们要和中国的财富阶层私下里聊聊天。坐在他们熟悉的位置，喝着他们喜欢的饮料，耳边是他们最喜欢的音乐……对，就在这样的氛围里，开始对“Second life”的探讨。我们会从他们的现状开始，就像前面的那一段反问，我们希望可以让他们放下手中的酒杯，安静的思考；理查德·布兰森、泰德·特纳、霍华德·休斯等人会成为他们未来生活的榜样，“我为什么不能做到？！”的想法开始萌芽；导向海边！导向海边！我们需要你在蓝色的背景下实现你独一无二的“Second life”；再然后，就是前往清水湾了……

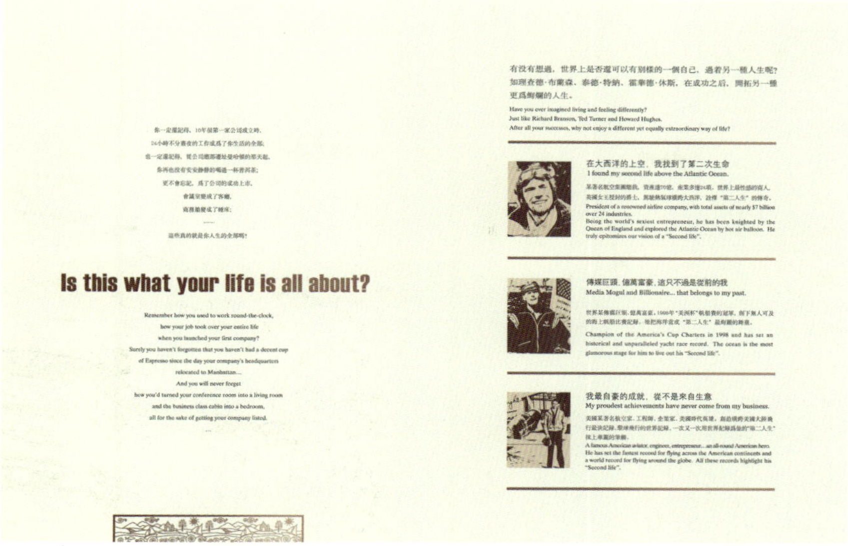

AM:9:00

我在北京总部召开董事局会议

PM: 14:50

我和我的斑点在海南清水湾的海滩上玩耍

早上11:00从首都机场起飞。

3个小时后，飞掠琼州海峡，视线里一片蔚蓝的海域。

从三亚凤凰机场，驱车前往雅居乐海南清水湾。车子沿着东线高速一路奔驰，湛蓝的天一如洗过，公路两侧除了葱郁的树、草，就是绿茵茵的良田，看不到任何高耸的建筑。

一下高速，扑面而来的温暖海风，如荫的椰林告诉我，雅居乐·清水湾到了!

习惯性的看了一下表， 40分钟，刚刚好。

Here, Every Grain of Sand Sings a Wonderful Note
在這裏，
每一粒沙子都是一個美妙的音符
After dinner, I'm used to taking a walk barefooted on the beach.
At this time of night, the sea is calm.
The beach is tranquil under the moonlight.
Listen carefully to each step and you'll hear the sand's crisp note. It is the sound of nature: I've learnt to listen to this song with my heart.
自然天籁的“会唱歌”沙滩，
实属世界罕见
海南清水灣，因沙子細白柔軟，走在沙灘上會發出鈴鈴般清脆的“唱歌聲”。一位外籍專家認爲，目前世界上衹有三個地方擁有這樣的沙灘：美國的夏威夷、澳洲的黃金海岸，還有中國的海南清水灣。
The Singing Beach is
Unique in the World
With every step along Hainan Clearwater Bay, the sand sings a crisp tune. According to a Western expert, only three places in the world have this feature: Hawaii in the USA, Australia's Gold Coast, and Clearwater Bay in Hainan, China.

這裡的夜，不只是黑色
We see more than dark here at night
娛樂
匯集高尚生活精粹，豐盛人生的尊享國度
A convergence of a crème de la crème, a Nation for enriching your life.

海南清水灣—
一個365天度假新國度
Hainan Clearwater Bay,
a Nation opened
for leisure in 365 days

海岸
12km-long beautiful coastline,
home to natural wonders.
12公裡純美海岸
集結自然奇觀

6家國際超五星豪華酒店，尊榮服務伴您左右
Six international super
five-star luxury hotels,
offering prestigious services for you

上帝是宠爱清水湾的，
所以给了她最好的一切。
有人说，上帝是公平的，关上一扇门，同时也会打开一扇窗。
走进雅居乐·清水湾，才知道上帝也有私心：12公里的海岸是一个从未被惊扰的梦；
会唱歌的海滩上吸附着美人鱼蓝色的歌喉；连绵的层叠云山是上帝收拢的臂弯；还有罕见的热带雨林、喷涌的温泉和神秘的岛屿……
原来，上帝把最美好的都赐予了这里——雅居乐·清水湾。

海、高尔夫、星级酒店、管家式服务……第一人称的沟通语境，交谈式的行文方式，让清水湾的好不着痕迹的被记忆。“Second life”的轮廓，就在这娓娓道来中一点点被勾勒出来。改变的冲动或许需要慢慢的酝酿，去看看的激情却一定成熟：“秘书，给我订明天最早的一班机，去海南。”

把卖点说得有趣些，是让广告具备更强的沟通力，
也是对传播效果负责的态度。

把卖点说得有趣些

—— 雅居乐·清水湾楼书文案创作

中国人缺乏幽默感。这可不是我说的。对中国的广告传播，也有这样的评价。我们不可以把卖点说得有趣些吗？

在雅居乐·清水湾楼书创作中，我们做了这样的尝试，效果不错。三个18洞国际标准高尔夫球场，我们怎样去说？喜好高尔夫运动的人都知道72杆是标准杆，能达到者就有了炫耀的资本。3个场的标准杆不是216杆？“标准杆216杆，没办法，这里有54洞滨海高尔夫球会”看似无赖的表达，却实实在在的把3个高尔夫装进了受众心里。“这里的夜不止是黑色”讲出了清水湾缤纷的夜生活；“游艇，我的大号玩具”点出豪华游艇会卖点的同时，在海平面上划出一道游戏人生的亮白弧线。

管家式服务，多被冠以“英伦”、“尊崇”等修饰，个中的好哪里可以体现？只能靠经历过的受众自我体会了。在服务私人俱乐部方面的经验，让我们游刃有余。

一位比家人还了解我的管家

清晨9点，门铃会准时响起。

一开门，一定是Toms那张微笑的脸，

“您好，今天的纽约时报，还有您的咖啡。”

巴西Santos咖啡，配上吊罗山的清泉，这种味道让我迷恋。

嗯，Toms真的很细心，纽约时报已经翻在我最爱看的财经版了……

说夸张点，Toms比家人还了解我。

把卖点说得有趣些，是让广告具备更强的沟通力，也是对传播效果负责的态度。现今的中国地产广告真正有沟通力的不多，真的希望我们广告人能多下下功夫，对得起自己，也对得起我们从事的这份职业。

4天的拍摄时长，近10个拍摄场景，近百个设计画面，
雅居乐·清水湾的平面拍摄完全就是一条大型TVC的工作量。

一场“Second life”的生活剧目

—— 雅居乐·清水湾楼书拍摄纪实

楼书往往在推广的前期作用力比较大。在项目的前期，很难以实景的方式呈现给受众，这时的楼书很大程度上起到了未来生活展示的作用。一旦楼盘建设趋于成熟，其建筑风格、园林水系、生活氛围，本身就是一本最好的楼书。雅居乐·清水湾如此体量的项目开发更是如此。

“Second life”的品牌涵盖力很强，这是一个好的大品牌容量，但其联想度与画面感亦会欠缺。所倡导的生活方式无法直接呈现，现场又不具备足够的说服力，是很难在前期创造良好销售业绩的。

面对这片海，他们与其说是在表演，毋宁说是对第二人生的一次自然流露。
太多这样“不遵循计划的表演”却为我们带来了意想不到的好效果。尤其是孩子，他们的玩性不仅仅带动了其他表演者，甚至带动了镜头外的我们。
或许这就是人本然的天性，我们不经意的找到了她。

我们要在什么都没有的情况下，导演一场“Second life”的生活剧目。2008年9月，生活方式的拍摄计划，在楼书平面设计的同时展开。4天的拍摄时长，近10个拍摄场景，近百个设计画面，雅居乐·清水湾的平面拍摄完全就是一条大型TVC的工作量。拍摄场地的取景，模特的挑选，服装的筹备，拍摄道具的制作……光是各个场景创意设定，就先后讨论了好几次。繁复的前期工作在一周内奇迹般的完成了。拍摄组怀着忐忑的心情前往海南三亚，外景拍摄，天气是最大的隐患，而从天气预报得到的消息并不令人满意。好在拍摄的几天天公作美。沙滩、高尔夫、酒店、清晨、黄昏、夜晚……

4天高强度的拍摄计划，令拍摄组每一个人都疲惫不堪。但清水湾的美还是让每个人的脸上充满了阳光。除了计划内的设计，一些随性的表演给这次拍摄加了不少分。

个体、细节、特写；群戏、全景、主题；既定的拍摄画面与即兴的神来之笔……清水湾拍摄计划几乎涵盖了第二人生的全部。期间，多达十数个的生活主题演绎，场景的规划、服装的配搭、道具的制作，甚至是斑点狗的加入，令这次拍摄可谓工程庞大。
这种让受众有极强带入感的主题拍摄，在清水湾的前期推广中起到了预见未来的感观效果。而生活方式型的场景构建，在非刚需的旅游地产领域中，仍将成为俘获人心的一大利器。

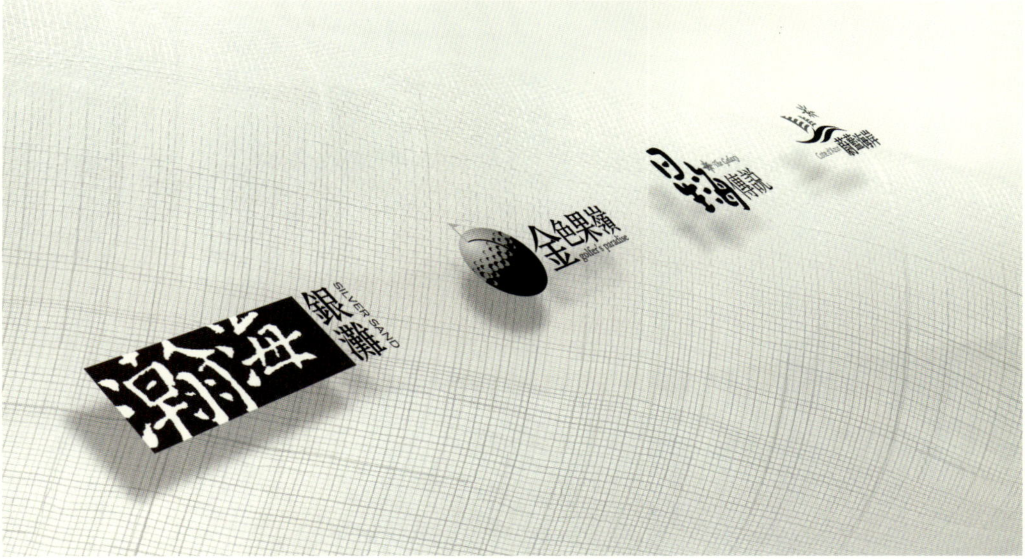

5

雅居乐·清水湾子品牌族谱

毫不夸张的说，如果把雅居乐·清水湾的各级子品牌单独拎出来，

绝不会输给任何一个独立的地产项目。

相承的血脉，独立的个性，清晰的层级定位，

清水湾各个子品牌系统、科学的组成了一张“品牌族谱”。

毫不夸张的说，如果把雅居乐·清水湾的各级子品牌单独拎出来，绝不会输给任何一个独立的地产项目。相承的血脉，独立的个性，清晰的层级定位，清水湾各个子品牌系统、科学组成了一张“品牌族谱”。

从规划伊始，根据不同的地理位置与产品形态，我们把雅居乐·清水湾各个组团，规划成四个子品牌系。分别为：一线海景型的“瀚海系”，高尔夫景观型的“果岭系”（该子品牌系具备扩充性，即以个性化的组团组合而成，如以游艇、雨林等独特主题的组团可独立成系），二线海景式的“星海系”，以及入门级的“海岸系”。四个序列将在雅居乐·清水湾长达十年的开发中统领所有组团。

这一前瞻性的战略布局，最终被打破。“蔚蓝高尔夫”与“月映蓝湾”相继加入了这个原本清晰的“族谱”。发展商的顾虑可以理解：担心沿用旧的组团名无法激起受众的新鲜感。但即使是在今天，我仍然固执的认定这是一个错误。原因有二：一、过多的子品牌会混淆彼此清晰的定位。例如已存在的“蔚蓝高尔夫”与“蔚蓝海岸”就形成了定位错觉，她们看似一对双胞胎，事实上却是邻居家不相干的孩子。二、众多的子品牌本身就是对母品牌的一种消耗。在“星海传说”推出市场的前夕，是以子品牌带动雅居乐·清水湾，还是以母品牌统领，就有过激烈的争执。对一个区域性地产项目而言，这点似乎不那么凸显。但作为全国性推广的雅居乐·清水湾，多一个子品牌名，就意味着千万级的认知型投入。我一直赞同奥迪在产品序列的做法：“Q系”、“R系”、“A系”的类别区分，1至8的数字化定级，这是一种品牌序列识别的“界面友好”。三、过多的子品牌，一定会导致受众的识别混乱。尤其是在多个子品牌并行推出的情况下。总之，在我看来，这非但不是一种品牌的丰满，却是传播学中最忌讳的品牌识别干扰。

回到初始的四个系列规划，以下将就各自的产品形态与品牌定位及传播逐一阐述。

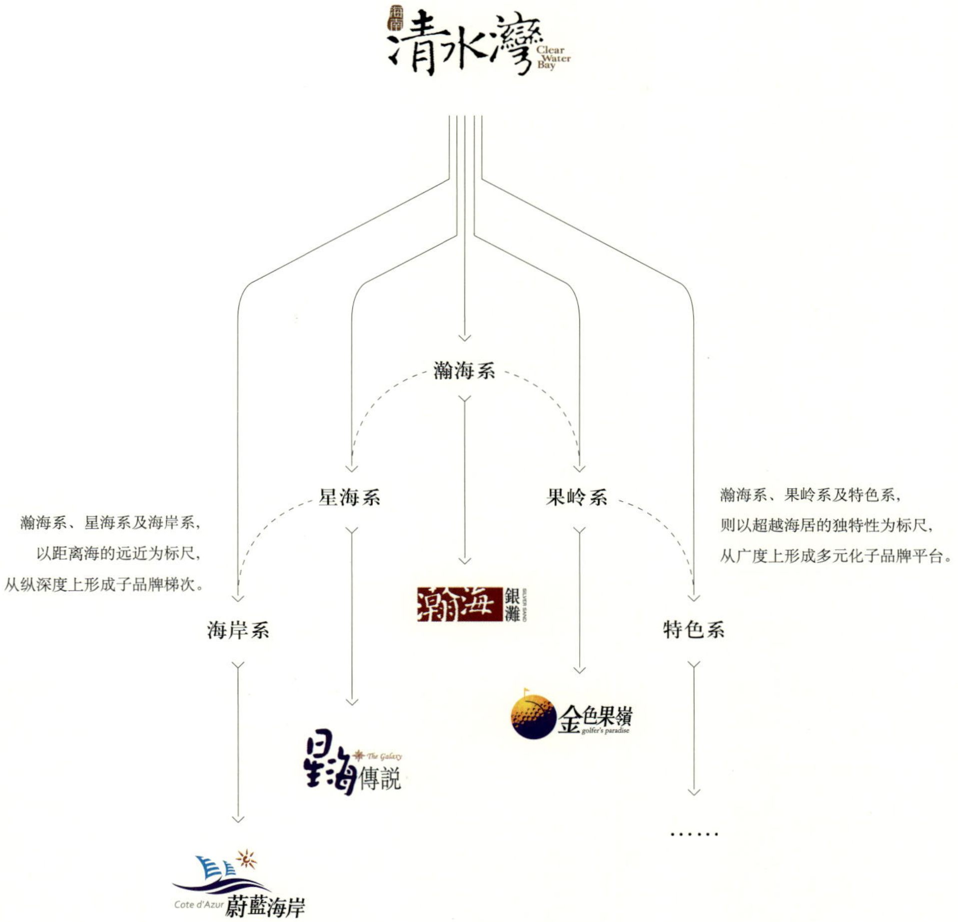

雅居乐·清水湾品牌树状图

瀚海银滩

我的一线海居生活，我的第二人生

一线海景城邦

—— 瀚海银滩组团描述

这是雅居乐·清水湾迄今开发的最高端组团。位处最前沿海岸，与海真正零距离。

瀚海银滩总占地面积50万平方米，与6家国际顶级度假酒店为邻，北临清水湾位列亚洲前三的豪华游艇码头，私人双会所、国际名品城等超五星配套环侍，更兼得融湖、林、园为一体的中央公园，是足以比肩全球顶级滨海豪宅区的一线海湾豪宅。

瀚海银滩由一线海景别墅、酒店式公寓、高层海景洋房组合而成，建筑密度仅13.8%。对寸土寸金的滨海土地奢侈挥霍，旨在营造无与伦比的居住感受，无不出于名家之手：美国WATG的总体规划设计，泰国Dave Studio的景观规划，香港AGC的建筑设计，第一太平戴维斯的物业托管……无论规模、配套、设计、规格，都无损“一线海景城邦”的美誉。

一个“最”字的定位

—— 瀚海银滩定位思考

瀚海银滩的定位其实很简单，归结于一个词——“Best”。

当产品力足够强大的时候，定位所需要展示的只有一个——王者的姿态。我们看过不少关于“冠军”或是“第一”的定位传播，也接触过更多类似“领跑者”的“类第一”定位，这样的定位的确很简单，却很有效。

零距离的海、堪比城镇的规模、顶级的设计、一流的物业服务……瀚海银滩就是这样一个极端主义的典型案例。这种极端优势，首先建立于对稀缺资源的占有。与海的零距离让她有足够的资本，去赢得世界上最华丽的衣裳与最艳羡的目光。当我们回看不远处的亚龙湾，7.5公里的海岸线早已被星级酒店占据，资源价值最大化的商业模式无可厚非，却从另一个角度反衬出瀚海银滩的弥足珍贵。即使是在清水湾，6家酒店亦早早的在规划图上划去了12公里的绝大部分。接下来游艇会、酒店长廊、名品城这些显赫高端元素的汇聚，就变得顺理成章了。

如果说“一线海景”为瀚海银滩定下了奢侈的调性，那么“城邦”则为我们在海边勾勒出了一条城市的天际线。她不是如戛纳般的滨海小镇，亦非夏威夷、马尔代夫的原生态胜地，她是一座城，她是迈阿密，她是黄金海岸，她是“瀚海银滩”。

瀚海银滩 定位解析图

上: Jumeirah酒店立面效果图

中: Raffles 酒店鸟瞰图

下: 样板间实景拍摄

瀚海 银灘 SILVER SAND

一个大象无形的Logo

—— 瀚海银滩Logo的创意方向

瀚海银滩的Logo，是一稿通过的。创意解读的PPT很简单，卖稿时我们的话也不多，道理只有一个——大象无形。

说起Logo，中国人首先想到的一定是个图形。这与华夏文明源自象形文字不无关系。以文字为Logo的现代设计思潮，也是在近些年得以风行。房地产行业文字型Logo的优势，在前面的章节已做探究，在此不再重复。

回到瀚海银滩的Logo创作。过稿是很顺利，创作过程却不简单。创作初期，设计风格、视觉元素、表现手法想了一大堆。从产品卖点出发的游艇元素，到呈现滨海都会胜景的写实风格，总感觉不对。

大象无形的构想，在“走投无路”的创意深渊里，逐渐浮出了水面。奢侈品的Logo大都以文字为主，鲜有图形主导。瀚海银滩能否走这个创意方向？接下来应该是什么

样的文字调性？传统书法固然最符合“无形”的意韵，但是否会与清水湾总Logo冲突？问题一个接着一个。

最终，是设计出来的Logo自己解答了所有的问题。以颜体为造型基础的字体风格，取的是颜真卿书法的“厚”，这点完全吻合组团气质。长条型色块下的反白处理，让视觉有了不同于清水湾Logo的新意，而颜体的“拙”与清水湾Logo“秀”亦形成很好的视觉梯次。

构成，是瀚海银滩Logo的设计亮点。置于色块一端的“瀚海”，让古老的书法有了现代的构成审美。而“银滩”的长宋体运用，在强化了古新视觉冲突的同时，令整个Logo得以平衡。

“一桶水”的气质

—— 谈瀚海银滩传播方式的举重若轻

有人怀念海的静谧无波；有人憧憬海的波澜壮阔；
有人觉得黄昏落日的海，就是世界上最感动的图画……
可我不会。
因为，海就在我的窗外，院子前，露台上，浴缸里……
他人可遇不可求的一线海景，不过是我家门前的寻常风景。

即使与全球顶级滨海度假物业横向比较，瀚海银滩也不输半分。这样的高端定位，在虚浮的中国房地产传播环境里，理应被吹嘘到半空中去，按这个道理，瀚海银滩应该吹得更高才是。

老的故事总是在我们回头看的时候，才发现她背后深深的道理。记得小时候，老人常用这个故事教我们做人的道理：满满的一桶水，不出声响，闹腾的恰恰是那半桶子水。细细回想，称得上大人物、大作品、大品牌的，大都有这“一桶水”的气质。跳在半空中的，不过是陈富豪、芙蓉小姐之流。不喧哗，不取宠，在看似平静中感受波澜起伏，在貌似稀疏平常里洞见气象万千。瀚海银滩应该像一个大人物一样说话。

“世人眼中完美的海，只是我家门前的寻常风景。”

“世界上有极少数地方，会让人一停下就不想再离开。”

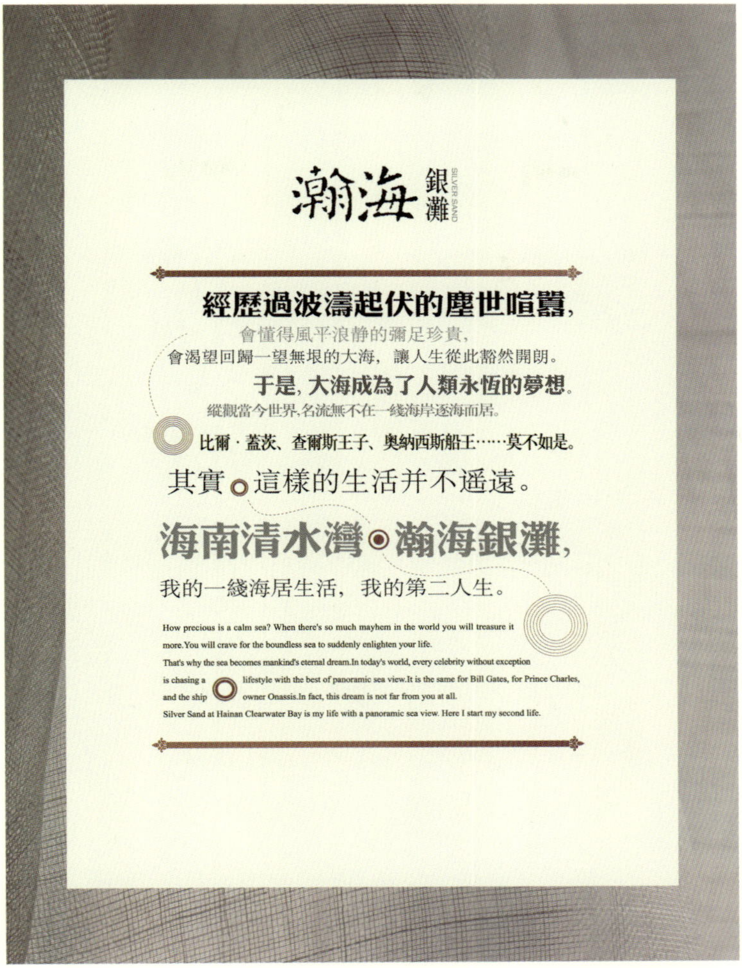

《瀚海银滩》楼书扉页

文案：经历过波涛起伏的尘世喧嚣，会懂得风平浪静的弥足珍贵，
会渴望回归一望无垠的大海，让人生从此豁然开朗。
于是，大海成为了人类永恒的梦想。
纵观当今世界，名流无不在一线海岸逐海而居。
比尔·盖茨、查尔斯王子、奥纳西斯船王……莫不如是。
其实，这样的生活并不遥远。
海南清水湾·瀚海银滩，我的一线海居生活，我的第二人生。

当这样的文字出现在瀚海银滩的楼书上时，我知道这种“一桶水”的语境与姿态，我们找到了。从产品利益出发，以居者角度言物，再从“见山是山，见水是水”的生活大家口中说出来，这样的传播怎会没有穿透力？

瀚海
銀灘
SILVER SAND
我的一綫海居生活 我的第二人生
My Life with a Panoramic Sea View
My Second Life
清水灣

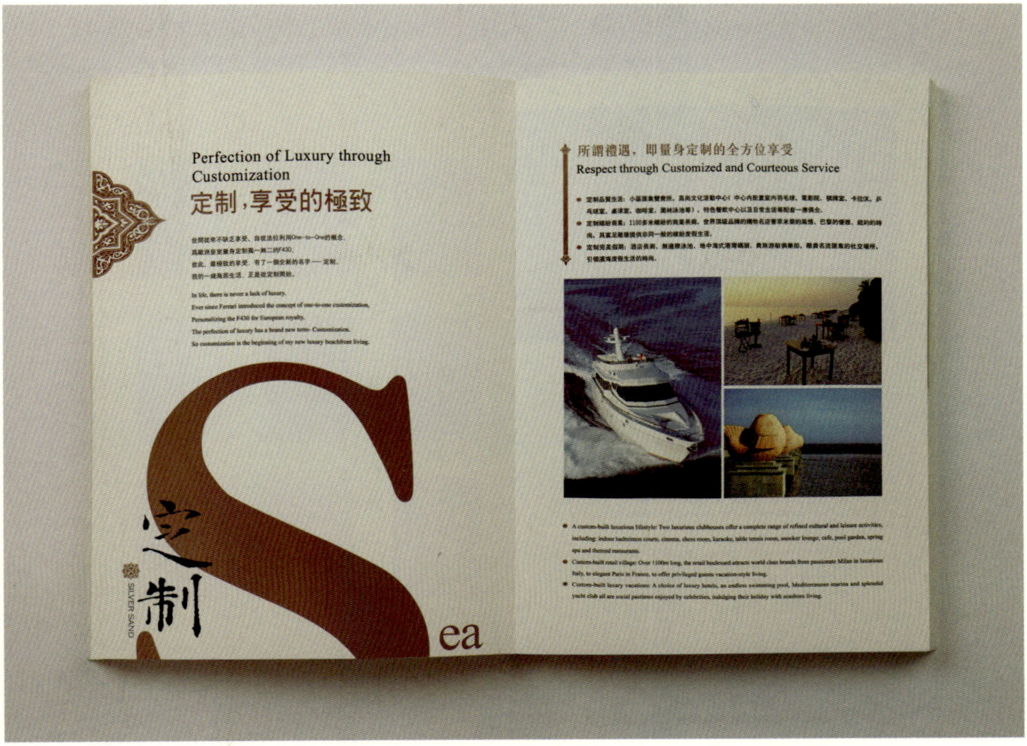
Perfection of Luxury through Customization
定制,享受的極致
In life, there is never a lack of luxury.
Ever since Ferrari introduced the concept of one-to-one customization,
Personalizing the F430 for European royalty.
The perfection of luxury has a brand new term- Customization.
So customization is the beginning of my new luxury beachfront living.
定制
SILVER SAND
Sea
所謂禮遇，即量身定制的全方位享受
Respect through Customized and Courteous Service

海
The Perfect Seascape is a Dream to Others, but an Everyday View for Me
世人眼中完美的海
祇是我家門前的尋常風景
This Spectacular Bay Lies on the Edge of the Sea, so I Enjoy the Clearest Panoramic Sea View.

A Royal Thai Palace at Hainan Clearwater Bay to Enhance the Sea.
爲了這片海
我們把泰皇宮搬到了海南清水灣
SILVER SAND
築
Amongst Stunning Architecture, Find a Space to Celebrate Your Successes

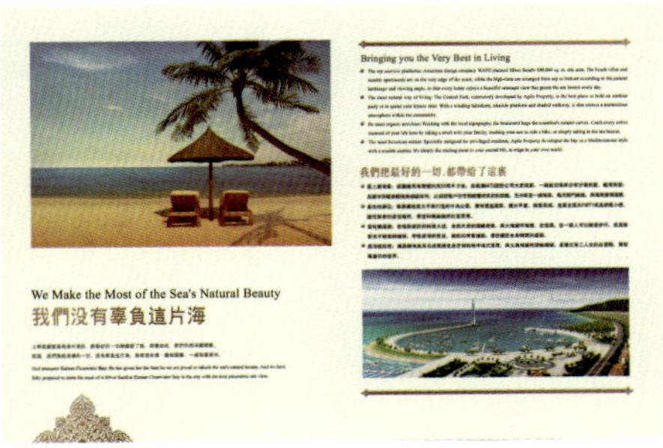
Bringing you the Very Best in Living
我們把最好的一切,都帶給了這裏
We Make the Most of the Sea's Natural Beauty
我們沒有辜負這片海

景
SILVER SAND
Silver Sand, The City with the Best Panoramic Sea View
瀚海銀灘，一綫海景城邦

金色果岭

我的360° 高尔夫生活，我的第二人生

360° 阔景高尔夫大宅

—— 金色果岭组团描述

建于果岭之上的高尔夫别墅组团。54洞高尔夫球场环抱，造就360°果岭极致景观。毗邻清水湾景观大道，距离海滩步行仅15分钟。总占地面积23万平方米，容积率低至0.4，绿化率高达46.5%。

21种户型别墅呈环状分布，中央耸立两栋18层现代简约型风格建筑。别墅以欧式风格为基调，充分融入海南热带气候环境，采用架空层、架空廊以及有顶阳台设计，超大露台、270°大飘窗，最大限度的利用高差达7米的自然坡地地形，形成以果岭为主，海、湖、园、田交织的景致奇观。

一个“数字最大化”的定位

—— 金色果岭定位思考

金色果岭最大的卖点在于高尔夫，这地球人都知道。

高尔夫资源项目的推广，我们看过很多。深入也好，浅显也罢，无非都是在塑造一种高尔夫特质的生活方式。今天的中国人早已在这些雷同的诉求中完成了消费者基础教育的课程。再讲生活方式，甚至是上升到人生哲理的高度，也不过是高一点、好一点的问题。我们为什么不可以站在她们的肩上看待金色果岭的定位与传播？

就资源性产品而言，最大的利益点不是产品本身，而是她占有资源份额有多大。金色果岭在这点上可以用“贪婪”来形容。不夸张的说，把这个组团放到任何一个高尔夫项目，她都是最耀眼的明星。这种优越感如何可以无损耗的传递给目标受众？

最好的方法，在我们登上别墅最高层的时候自己跳了出来。从居者的第一视角入手。在360°的视野里，没有半点遮拦的高尔夫景致如同一双绿色的臂膀，把你整个儿的揽在了怀中。如波的起伏与不远处的海汇成同一种韵律，海、园、田组成的奇妙景观层层叠叠。对，就把360°这个数字放大。

得承认，人生难以达到完美。还好，景观可以。
让我们360°视角都美景遍布，为什么不？
高尔夫生活，理应如此。

这段楼书里的文字让我们的企图显露无遗。支撑是足够的。360°果岭环抱；海、园、田形成二级景观环绕；超低密度的规划布局，保证居者的视觉礼遇；双会所、商业中心、景观大道360°配套……

我的360°高尔夫生活，讲的很到位。

左：金色果岭现场实景图
右：金色果岭别墅实景图

把卖点放进高尔夫的筐子里

—— 聊聊传播的入调问题

调性很重要，即使核心不够惊艳，如果调性把握准了，传播至少不会走错路。

金色果岭的传播诉求做得很入调。如何把卖点放进高尔夫的筐子里去。从文案上讲，就是什么都拿高尔夫说事。配套怎么说？“最好的配套，就像是跟随了你十几年的球童。”建筑怎么说？“果岭上的建筑，建筑中的果岭。”从视觉来看，相对简单很多，英文构成的高尔夫球杆，果岭的弧线运用，高尔夫元素的穿插……

一本楼书，就是一个高尔夫的主题公园。所有的文字、画面都是最铁杆的粉丝，他们说着高尔夫的术语，谈着高尔夫的话题，他们都是生活方式最不遗余力的贩卖者。

《金色果岭》楼书扉页

内文：金色果岭，

我的360° 高尔夫生活，我的第二人生。

对大多数人来说，

高尔夫只是一种社交，一次应酬，一项运动……

在这里，高尔夫就是生活。

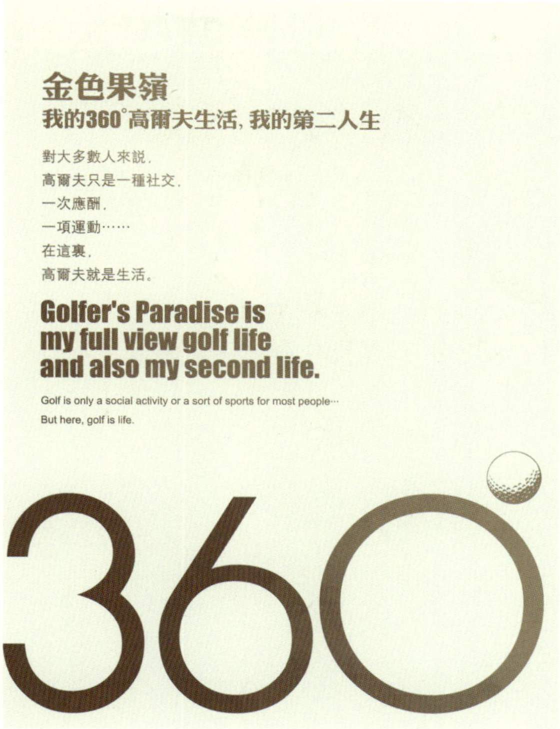

星海传说

阅星居海，醉人生

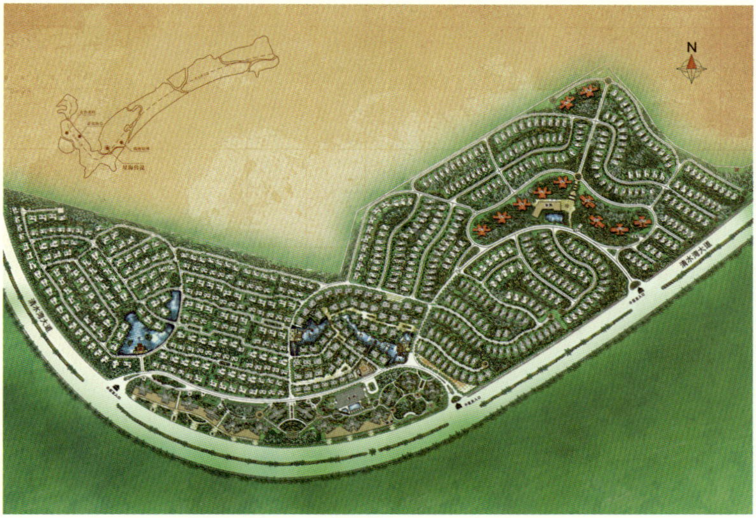

什么都有，什么都不突出的综合型项目

—— 星海传说组团描述

这是雅居乐·清水湾产品社会里的中产阶级。

雅居乐·清水湾开发迄今最大的组团，地处整个清水湾版图中前段，非一线临海。西、南临景观大道，北侧接蔚蓝海岸组团，南侧为滨海林克斯高尔夫球场和莱佛士酒店，占地面积60万平方米，总建筑面积为24万平方米。

星海传说利用西高东低坡地地形，以滨海高尔夫为主要景观，以低层建筑为主的设计布局中，合理融入中高层建筑，令建筑体量组合丰富多变。或许是受销售体量的影响，组团产品形态规划极其多元，小高层多层洋房、酒店式公寓、欧式泰式别墅一应俱全；由多家著名建筑设计公司执笔的设计风格跨度也极大，东方与西方，经典与现代，欧洲与泰式各取所需。园林设计倒是有些新意。以水系为设计主题，溪、湖、泉、瀑交相辉映，亲水平台、水中栈道、水系小品点缀其间，构筑出一派泰式水岸的异域景象。

一个感性的中产阶级定位

—— 星海传说定位思考

在整个清水湾产品体系中，星海传说是唯一一个非产品角度的定位案例。

理由很简单。产品形态的多元化，风格的大跨度，都注定了这个组团无法从产品层面给予一个有涵盖力的定位。而产品因丰富而变得特点模糊的事实，也定义了目标人群的非线性聚焦。理性的定位似乎没什么出路。

还好，再理性的人终究是一只感性的动物。事实证明，最终的答案同样出于非理性，又或者说是一种冥冥中的注定。

那是海南再寻常不过的一个夜晚，我们聚在酒店的露台上。夜已经很深，天空呈现出蓝墨水一样深的颜色，星星很多，很密。我们把身体滑进椅子里，尽可能的仰着头，或抽烟，或发呆。在漫无边际的瞎聊中，不知谁说了一句，“听老人们讲，每一个人的足迹，都会变成天上的一颗星星。”这个话题引起了共鸣。我们像一群看遍了世界的老雁，对着繁星聊起了所谓人生经历。“这个组团定位能否就从‘经历’入手？”广告人在马桶上都会想创意的毛病，最后让我们提起裤子，跳出了死胡同。

接下来就是反证。产品能否对应？人群能否贴合？中产阶级的产品一定对应中产阶级的人群。中产阶级的“人生经历”值得大书特书。他们绝非基层或是初入社会人群的一张白纸，亦非富裕阶层紧锁的沉重密码箱。在他们的眼里，非凡的人生经历与殷实的物质一样重要。他们是这个社会的中坚，他们高人一等，却始终未摸到上层社会的门把手；他们被物质与地位奴役，却心有不甘；他们有自认为高于大多数财富阶层的审美与情怀，却挤不上最耀眼的舞台；他们默默承受着摩登时代的社会高压，却没有一刻不幻想回归“生活的本意”……他们是一个审慎而矛盾的中产阶级。是的，他们可以听懂“经历”，甚至可以感同身受。这里可以成为他们舔着都市伤口，抚平心理创伤的“疗养院”。试想想，有什么比在海阔天空的繁星下，追忆自己略略夸大了的“人生传说”来得更惬意？

在不算太大的别墅庭院里，有夜来香若有若无的袭来。他们脱下那身合体到有些紧束的名牌西服，让整个身体都沁入温泉的37℃里，人生就像一幕幕电影划过星空。他们习惯性拿起高脚的酒杯，漾一漾那点玛瑙色的昂贵液体，即使没有旁人，这种熟悉的虚荣也会令他们满足。阅星、居海，醉那经历过几大洲、几大洋的辉煌人生。

星海传说的定位与传播融在一起，像法国的水晶杯与那几几年的拉菲配搭一样，让中国的中产阶级无法拒绝。星海传说600套单位一天售罄的销售佳绩，或许也会成为这浩瀚星海中的一颗罢。

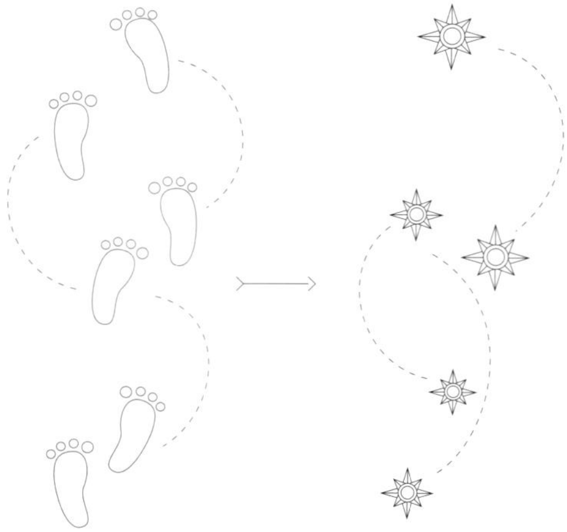

足迹与星空的创作联动

献给那些走了很远，想回家的人们

—— 星海传说创作原点

很多人从星海传说的传播中读到了经历越多越懂得的人生阅历。在我看来，回家，才是星海传说最直指人心的价值内核。

人生或许就是一场绕圈圈的游戏，绕着绕着就回来了。星海传说的传播就是以一次人生旅程为原点的创作之旅。

传说，每个人的足迹，都会在星海中留下印记
游历越多，人生就如繁星一般璀璨
而走得够远，才懂得本初原来就是目的地
在今天，在清水湾，回归星空与大海的蔚蓝，回归最本我的明净……

是的，当我们一迈出家门，就已经走在了回家的路上。这句已不记得出处的文字，让我记忆深刻。再璀璨的星海传说，都只是为了铺就一条回家的路。这条路是我们可能一年一两次的旅行。去欧洲，去南非，去夏威夷，我们像一群被囚禁太久的候鸟，

急匆匆的飞出去，越远越好。但飞得再远，也会在异乡的某个清晨醒来，突然想起不知出现过多少次的熟悉场景，她们告诉你：“该回家了。”

谁说人生不是另一条回家的路？当我们走过天使的童年，略带着点血腥味的少年，高速的冲过大无畏的青年，直到停下来想一想，若有所思的中年，我们谁不会重又走向那与童年无异的神一般的老年？不管怎么捣腾，怎么风骚独领，我们依然走不出那条回家的掌纹线。

于是，我们把星海传说的理想目标锁定在了这样一群生活的智者。摩纳哥、迪拜、德尔菲的经历，不过是这出人生大戏的铺垫，与这些奢华滨海胜地一一对应的雅居乐·清水湾才是真正的主角。这是一个不用艳羡，无须攀比的第二人生的家。在那一刻，我突然觉得“家”的磁场早已盖过了“Second life”，似乎与大品牌有些脱轨。但只要能拨动我们生了老茧的心弦，脱不脱轨有什么关系？事实上，市场成绩给予了这个创意极大的褒奖。

当观点足够打动目标受众，创意也就变得很简单。我们的主角是一个游历过世界，对滨海生活痴迷的一个人。他或许是摄影师、画家，最好是个旅行家。他的足迹遍布了整个地球的蓝色海岸线，正如我们在软文中写到的那样：

这些年的游历，让我习惯了迪拜伯瓷酒店的奢华；
迷上了戛纳马丁内斯酒店一望无尽的地中海的深蓝；
更醉心于加勒比阿尔克马酒店的异域风情……
然而，再动人的风景，再入微的服务，
也挥不去心底那一抹乡思。

于是乎，戛纳泊满豪华游艇的港口、迪拜的风帆、北碧府的金色穹顶，成为了创作最好的参照物；皮质的古老旅行箱、Leica的IIIF古董相机、金色的专业罗盘，成为了昭示主人翁身份的佐证……不知不觉中，你成了旅行家，你成了星海传说新的主人。

一本旅行的笔记

—— 星海传说设计风格

星海传说的楼书设计，是真正把旅行的感觉做出来了。

和其他几个组团不同，星海传说的楼书创意并没有走常态的产品罗列，世界滨海胜地的典型性照片、手写式的笔迹、旅行元素的散点排列，让楼书看起来更像是一本旅行的笔记。

行者的海上历程与星空对应，是创意的原点。当一张印刻在古老羊皮卷上的航海地图，与星空的处女、摩羯混搭在一起的时候，毫不相干的二者竟有了意想不到的神奇效果，就好像周杰伦与费玉清的《千里之外》。星座的每一颗星在金黄色的航海地图上，宛如行者游历的每一处驻足地。“每个人的足迹，都会在星海中留下印记……”文案中的意境正是这样。色彩的构想亦源自于此，只是略略去掉了羊皮卷太过破旧的视觉感受，导向到洋酒中常见的金与蓝的色彩组合，在不失沉淀感的同时，令设计多了几分贵气与荣耀。散点式的自由构成，取自日记的随意，手写体的段落文字、散落的旅行箱、相机、礼帽被虚线式的旅行轨迹很好串了起来。

这是个“神散形不散”的好设计，从创意、设计、文案无不贯穿“星海旅行”的核心，或直观或隐晦。像散文一样的行文风格与看似随意而为的设计，配搭得天衣无缝。

《星海传说》楼书扉页

文案：

传说，每个人的足迹，都会在星海中留下印记。

游历越多，人生就如繁星一般璀璨闪耀；

而走得够远，才又懂得本初原来就是目的地。

今天，在清水湾，回归星空与大海那一片无尽的蔚蓝，

回归最本我的明净，品鉴世界级海岸，尽享人生之陶醉悠然。

《星海传说》楼书内页

文案：

眷恋，于此汇聚。

21岁那年开始，带着无限的期许，沿着古老的航道，踏足一个又一个陌生的国度。游历的越多，心中的留恋就越浓。依河面海的德尔斐，使我领略到蔚蓝的神圣；金碧辉煌的迪拜，让我迷上了奢华的魅力；名流云集的摩纳哥，叫我懂得了细节的尊崇；严谨优雅的英伦，令我至今仍浮想在夏日的早晨，有人准时为我递上一杯精品锡兰茶……想不到有一天，那些无法忘怀的美好经历，又恍如日志一般在自己面前重新展现。

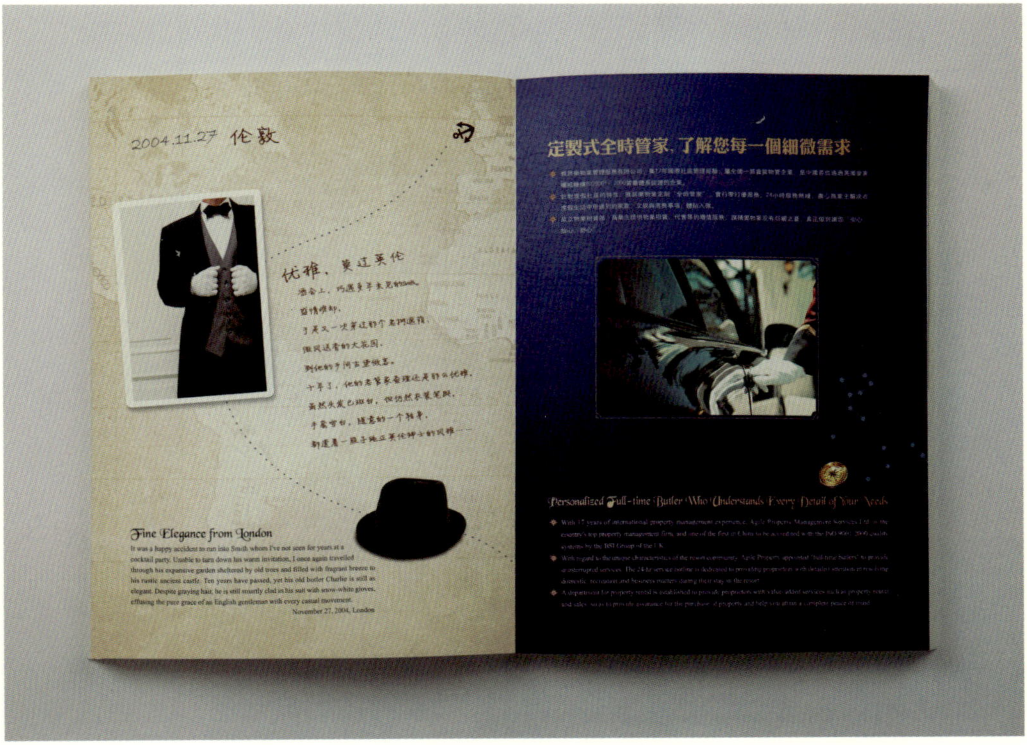
2004.11.27 伦敦
优雅，黄过英伦
定製式全時管家，了解您每一個細微需求
Fine Elegance from London
It was a happy accident to run into Smith whom I've not seen for years at a cocktail party. Unable to turn down his warm invitation, I once again travelled through his expansive garden sheltered by old trees and filled with fragrant breeze to his rustic ancient castle. Ten years have passed, yet his old butler Charlie is still as elegant. Despite graying hair, he is still smartly clad in his suit with snow-white gloves, effusing the pure grace of an English gentleman with every casual movement.
November 27, 2004, London
Personalized Full-time Butler Who Understands Every Detail of Your Needs

2009.2.6 罗马
海岸邊的世界名築，
成就居者
靜謐從容的風度
Memories, the Portraits of Rome.

2000.9.12 迪拜
6家國際
超五星酒店，
奢享自成一格
Indescribable Luxury

1992.7.16 泰国
只有懂得隨時犒賞自己，
才能懂得泰式水岸園林的浪漫
Heaven Fixed on Water

蔚蓝海岸

我的滨海LOHAS生活，我的第二人生

湖畔乐活小镇

—— 蔚蓝海岸组团描述

非一线海景（蔚蓝海岸组团离海直线距离，也不过数百米，非一线只是相比瀚海银滩的绝对一线。），非整体项目中心位置，比邻项目最大型商业配套。

在保留原生态地貌基础上，28栋滨海洋房呈圈层点式布局。组团坐拥果岭绿茵、湖畔、碧海及田园风光，与湖畔商业中心及五星级高尔夫会所相邻……浓郁的热带生态环境、悠优的度假生活氛围，构筑出一个自然奔放的湖畔LOHAS小镇。

一个从人群出发的定位

—— 蔚蓝海岸定位思考

房地产生活方式型定位，最能撬动市场的不是制造或嫁接了一种生活方式，而在于准确的找到了对应的那群人。蔚蓝海岸分品牌塑造的成功，就在于此。

他们向往滨海生活，但绝不是为梦想一掷千金的富豪；他们身在都市，却向往田园般的诗意生活；他们年轻，充满活力，却始终挥不去脑海里那个归于简单的生活念头……他们是一群寻求生活本意的乐活者。

是的，这就是我们对核心目标受众的理想型描述。二八定律会给我们带来更多的附庸风雅者，就销售而言，这个没什么不好。

从人群出发，从生活方式入手，这个不在海的最前沿，亦非显赫，也没有高尔夫、游艇会可以依托的入门级组团，“LOHAS风情小镇”的定位由此确立:

像海子那样，在大地与海洋之间，找到幸福生活的支点;
像卢梭一样，在自然的宠爱里放任自由;
在那里，人与自然彼此尊重；人与人之间一如家人般的温暖;
在那里，每一座建筑都是大地的延展……
是的，这就是LOHAS生活。

阳光灿烂的设计

—— 蔚蓝海岸设计风格

“这是我见到过的最漂亮的楼书。”这是雅居乐高层对蔚蓝海岸设计的评价。对什么样的人，做什么样的设计。蔚蓝海岸的设计风格，同样建立在目标受众审美的基础上。

他们需要热烈的色彩，来激发对阳光、沙滩、草裙舞的热带生活的想象；他们需要诗意的描述，来勾勒一幅梵高笔下金色的田园图；他们需要飞翔的鸟、墨绿的剑兰叶、七彩的鱼，唤醒对自然的膜拜……

日本设计师小岛给予了我们创作的灵感。高饱和度的色彩群，成为了蔚蓝海岸的主色调；小岛式的自然图形，形成了鲜明的热带风格；诗化的文字，成为项目最好的朗诵者……

能这样自由的创作，着实是一件幸福的事情。

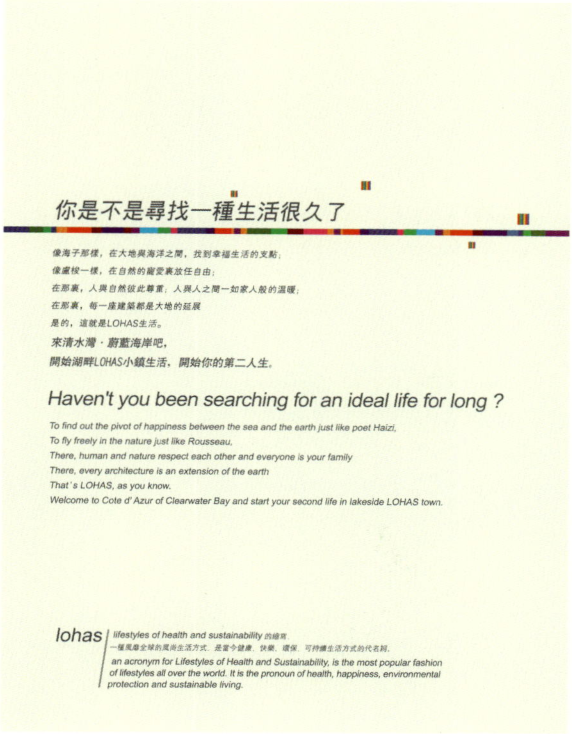

《蔚蓝海岸》楼书扉页

文案：你是不是寻找一种生活很久了?

像海子那样，在大地与海洋之间，找到幸福生活的支点；

像卢梭一样，在自然的宠爱里放任自由；

在那里，人与自然彼此尊重；人与人之间一如家人般的温暖；

在那里，每一座建筑都是大地的延展……

是的，这就是LOHAS生活。

来清水湾 · 蔚蓝海岸吧，

开始湖畔LOHAS小镇生活，开始你的第二人生。

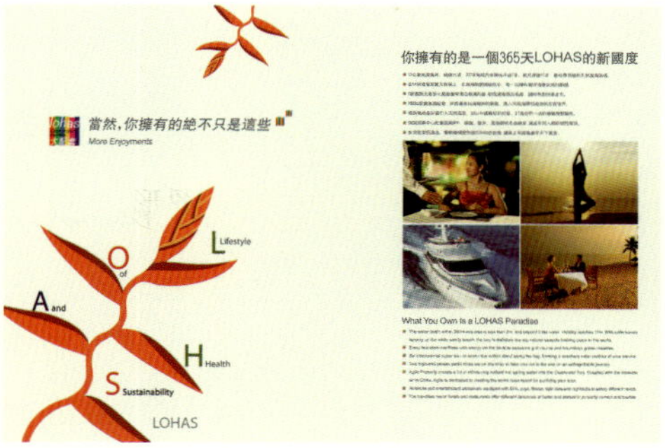

语言霸权

雅居乐·清水湾传播纪实（2008—2011）

雅居乐·清水湾以“游戏规则制定者”的身份，
成为市场引领者。
始终如一的“语言霸权”式传播成就了她“国王的演讲”。

语言霸权

雅居乐·清水湾传播纪实

（2008—2011）

2009年开盘阶段，“真正的海”，一战定江山，品牌强势占位；2010年新年销售强档，“懂得对自己好”，细腻的人性关怀，构建情感平台；“国际的旅游岛，世界的清水湾”，借政策东风，进一步确立行业地位；2011年三年大成之际，“我爱清水湾”，全方位品牌运动，提升品牌感召力……

明晰的传播目标，系统的规划，始终在握的语言霸权，在通往雅居乐·清水湾品牌殿堂的每一级阶梯上，刻着的是一个个阶段性传播的价值与合力。

应对市场有两种策略：一是迎合，一是引领。在雅居乐·清水湾策略筹备的前期，也有过这样的争论，甚至是妥协。但最终雅居乐·清水湾以“游戏规则制定者”的身份，成为市场引领者。始终如一的“语言霸权”式传播成就了她“国王的演讲”。

我们看过太多自说自话的广告，太多自我陶醉的低吟浅唱，也见过太多叫卖式的直来直往，却难觅马丁·路德金“I have a dream”的振臂一呼。掌握了“语言霸权”，也就意味着在传播中占据主动。当今的中国传播是美图的时代，有见地、有观点的广告甚少，这种现象在房地产广告中最为凸显。跳出来看看，过剩的传播环境下，受众往往需要的只是一个坚定的声音。当2009年我们从三亚凤凰机场一路驱车，沿路的广告牌全是美图，全是蓝色。雅居乐·清水湾棕红底色上，一行大字——“来清水湾看真正的海”，一下跳了出来。背道而驰的“语言式传播”，让受众第一次记住了清水湾。略掉细节，雅居乐·清水湾品牌的成功，就是一次有洞察、有沟通力的“语言式传播”的成功。

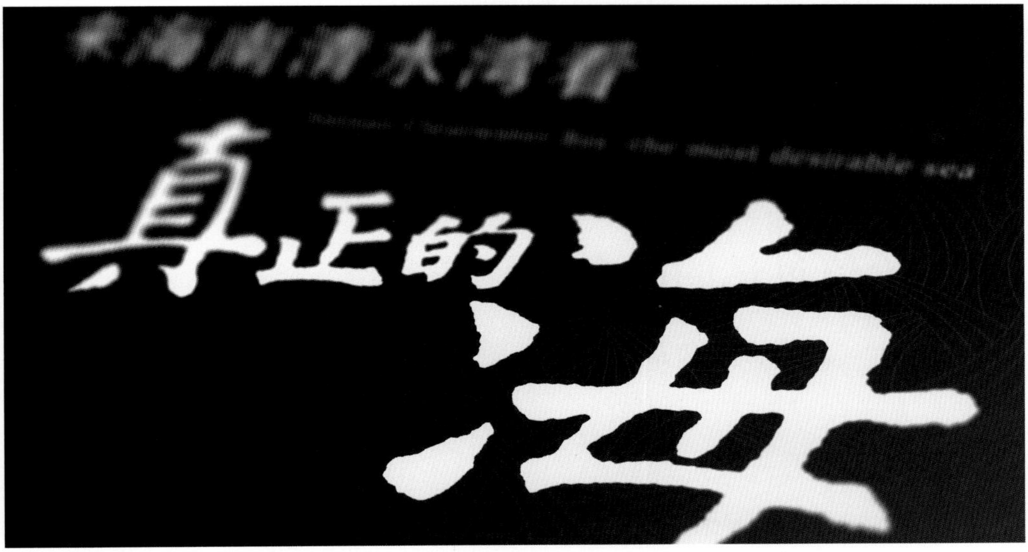

1

真正的海，真正的大营销

雅居乐·清水湾开盘期传播（2009）

年销售过百亿，单日销售16亿，“星海传说”一期组团600多套一日售罄。如此的销售神话，2009年雅居乐·清水湾全国亮相阶段——“真正的海”市场杀伤力令人侧目。还记得2009年3月28日，在清水湾人头攒动的销售大厅，雅居乐集团副总裁——黄奉潮先生，紧紧的握着我们的手，说了一句话：“真正的海，真正的有用啊！”

价值过亿的四个字

—— 从卖点式传播到利益点型传播

海就是海，凭什么叫“真正的海”？这是我们设置在每一个人心中的潘多拉宝盒。

“真正的海，价值起码过亿。”这是我在与一地产集团董事长交谈中，他的一句原话。在我们看来，“真正的海”价值几许不重要，重要的是一种传播思维的转变与成功：从卖点式传播到利益点型传播。

卖点总是最容易整理出来的，一如1.5万亩疆域，12公里纯美海岸……但是这样的卖点之于人，之于目标受众的意义，或是心动点在哪里？在熙悦的传播字典里，卖点好比原材料，但是好的原材料与最后端到目标受众面前的佳肴，还有一段遥远的距离。

可惜的是，现今中国大部分的地产传播，仍然停留在把原材料直接端上餐桌阶段，这种卖点式传播带来的唯一好处，就是把消费者培养成了野生啮齿类动物，自行咀嚼，自行消化。

从实际传播效果来看，“真正的海”无疑是从卖点式传播向利益点型传播进化的一次典型案例。

左：这座建在岩石上的小屋，不知已有多少年岁，
白与蓝的色彩对比很有些希腊圣托里尼岛的韵味
右：清水湾沙滩上的蘑菇伞，被网上誉为史上最美蘑菇伞

这一认知盲区能否成为雅居乐 · 清水湾实现价值突围的捷径？
如何让目标受众最短时间内，
接收并认同“海有上下”的真相呢？

海南的海，一定就好吗？

—— 认知盲区的洞察

“真正的海”首先基于一个市场洞察，来海南置业的80%以上是外地人。而在他们的理解里，只要是海南的海，就是好的。这一认知盲区导致目标受众在选择置业时更多的关注于地理位置的便捷，配套的完善等，而忽略了来海南置业的重点——海的品质。

在2009年开盘前，雅居乐 · 清水湾尚不为人知的阶段，海品质的最大优势根本无法凸现。加之弱于三亚、亚龙湾的地理位置，令雅居乐 · 清水湾未面世即面临巨大销售重压。而这一认知盲区能否成为雅居乐 · 清水湾实现价值突围的捷径？如何让目标受众最短时间内，接收并认同“海有上下”的真相呢？

是的，正是基于这样的设想与洞察，“真正的海”得以令雅居乐 · 清水湾，在处于乱世战国的海南地产格局中脱颖而出，并颠覆性的占据霸主位置。

上：清水湾海滩实景

下：三亚湾海滩实景

在三年里，我们几乎走遍了整个海南的海岸线

所见的绝大多数海与沙滩，无论海水质量、沙滩质数、整个海滩的平整度

都远远逊于清水湾，“真正的海”说得理直气壮

利益点型传播，使得雅居乐·清水湾推广真正实现了由大众传播引发的人际传播。
口口相传的巨大力量，将人们像海浪一样一波波推向清水湾；
也将雅居乐·清水湾一举推向了中国滨海度假第一盘的品牌宝座。

一个“Big idea”的诞生

—— 一个利益点型传播的创作纪实

一个“Big idea”的诞生，过程总是痛苦的。

“真正的海”四个字，是一个聪明的回到原点的大创意。而为了回到这个原点，我们绕了一大圈，数天的讨论、探索、尝试，一张张麻木的脸，前路茫茫。

曙光总是出现在最黑暗的前夜。我们围坐在清水湾销售大厅一筹莫展的时候，一个启迪型的发问出现了：“我们来海南买房子为了什么？”。是酒店？高尔夫？商业街？“不！是海！”如果把项目搬到别的地方，她就不再是“清水湾”了。放下6家超5星级酒店，放下高尔夫，放下除了海之外的所有，我们轻装前进！考察过三亚湾，大东海，亚龙湾，我们很清楚，呈现在我们面前这片海的品质才是最好的。这里才可以称得上“真正的海”！

海就是海，凭什么叫“真正的海”，难道人家的海是假的？是的，这就是我们设置在每一个人心中的潘多拉宝盒。我们要的就是凡人伸向盒子的那只手，我们要的就是这样的内心质问：我们要的就是无数次在飞机，大巴上，邻座的男女老少交谈中的一句话：“我倒要看看什么是真正的海！”；我们要的就是来到了现场，众口一言的感叹：“哇，这才是真正的海！”

从这一刻开始，传播不再只是填鸭式的卖点式传播了，传播成了消费者真正感兴趣的利益点型传播，甚至是话题型传播。

正是这种洞察下的利益点型传播，使得雅居乐·清水湾推广真正实现了由大众传播引发的人际传播。口口相传的巨大力量，将人们像海浪一样一波波推向清水湾；也将雅居乐·清水湾一举推向了中国滨海度假第一盘的品牌宝座。与其说是广告把消费者带到了清水湾，倒不如说是他们自己把自己带来了。利益点型传播的巨大能量就在于此。

真正的海，真正的整合传播

——“真正的海”整合传播体系解构

成功远非四个字，神话背后是庞大而科学的整合传播构架全方位的支撑。

在清水湾传播字典的扉页上，永远写着明晰的传播原则：“岛内封锁、市场分级、分时分区针对型战略、创新媒体组合……”

开盘前半年便已全面启动的雅居乐业主资源挖掘体系；航空杂志、机场廊桥、主干道灯箱、户外广告牌，一下飞机目标受众便被全方面包围的岛内传播封锁体系；从高端形象定位的央视投放到一张小小的旅游地图；不同市场针对型叙述的区域市场深耕……当每个营销传播渠道发挥出各自的能量时，成功只是时间的问题。

就像一出凤凰机场就能看到的这个户外广告一样，
这套基于消费者角度的整合传播体系，绝不会让你与“真正的海”擦肩而过

2年逾百场的业主发动会，
虽比不上大型公共活动来得轰动，
却为当时默默无闻的清水湾，实实在在的找到了第一批业主。

品牌圣徒，永远的第一消费力

—— 全国性业主资源挖掘体系

谁，是这个混沌市场里最忠实的消费群？毫无疑问，品牌圣徒。

他们很早就成为你的业主，对你的品牌有着一份更亲密的情感；他们了解你甚于其他；他们见证了你的壮大，从区域公司到全国品牌，到上市机构；他们逐渐成为这个社会的支柱，却对你不离不弃……是的，这就是你的品牌圣徒。这就是你在十几年的成长路上，最宝贵的无形资产。

没有人会否定，Apple的成功始于产品的创新，却制胜于狂热的Apple圣徒。乔布斯是在圣徒肩膀搭起的阶梯上，一步步走上神坛。回看雅居乐·清水湾的成功，业主资源挖掘体系起到了决定性的作用。2年逾百场的业主发动会，虽比不上大型公共活动来得轰动，却为当时默默无闻的雅居乐·清水湾，实实在在的找到了第一批业主。几乎每周一场的发动会，在雅居乐集团所能覆盖的一个个城市展开，一张巨大的实效营销网已然成形。而令这张网拥有巨大能量的正是——品牌圣徒。

上：北京推介会上，简毓萍小姐现场解读清水湾

下左：香港推介会现场

下右：北京销售中心开幕式

这是战争中强势一方经常使用的“围剿式战术”。
从受众角度设定的岛内传播封锁体系，
在不知不觉中把雅居乐·清水湾印在了记忆海绵中。
体系化的传播统筹，超乎想象的传播效应，
让雅居乐·清水湾跑步前进的越过了认知率为零的推广初期。

封锁，封锁，再封锁

—— 海南岛内传播封锁体系

即使是在今天，中国的旅游度假型地产仍是个新兴领域。与普通居住型地产截然不同的消费需求，决定了她独特的气质与调性：非刚性需求、非区域型消费群、资源型占有……针对旅游度假型地产的特质，我们在雅居乐·清水湾品牌塑造中，进行了非常多的尝试与创举。而岛内传播封锁系统就是其中一个成功的战术实践。

面对一年来一两次，时间不超过一周的消费群，如何在短时间内，令其对项目产生认知、兴趣、来访，甚至购买，这是2009年我们不可回避的现实命题。

通过对岛内传播环境及接受习惯的调研与分析，我们有了一个大胆的想法——从一个普通游客的视角设立传播动线，对其予以封锁性传播攻势。这一构想立即得到了肯定。短短三个月后，当你前往海南度假。无聊的空中飞行时段，航空杂志硬软结合

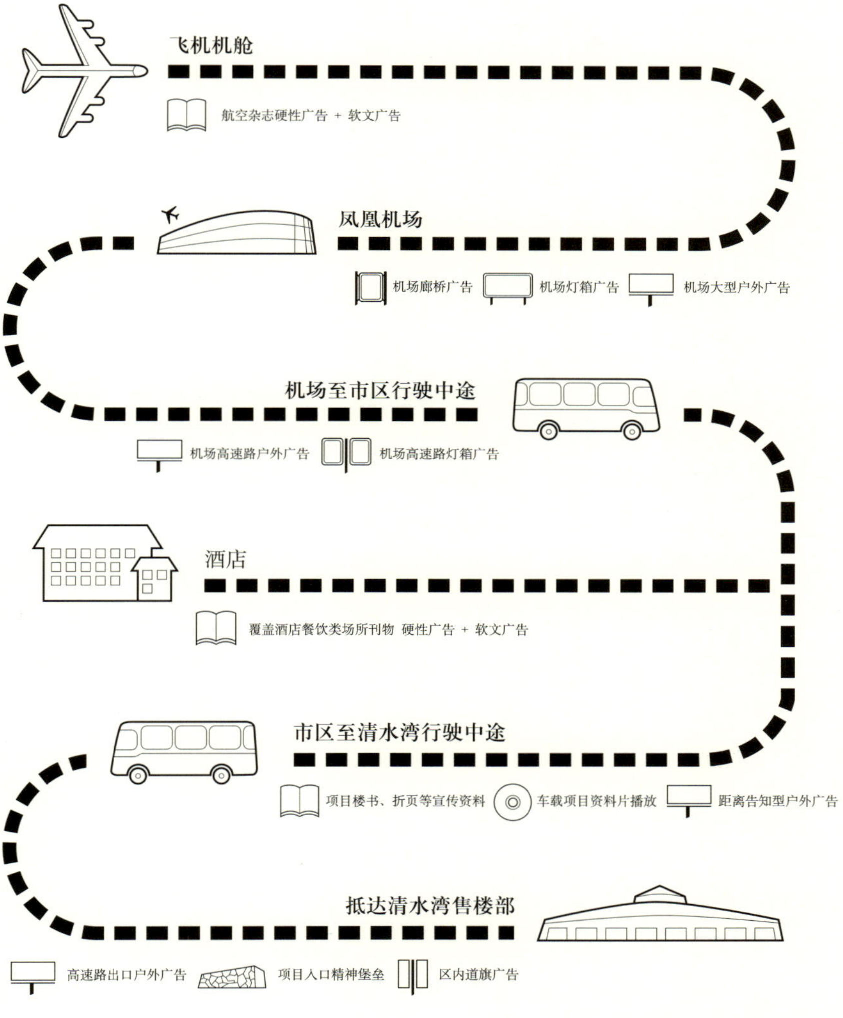
飞机机舱
航空杂志硬性广告 + 软文广告
凤凰机场
机场廊桥广告
机场灯箱广告
机场大型户外广告
机场至市区行驶中途
机场高速路户外广告
机场高速路灯箱广告
酒店
覆盖酒店餐饮类场所刊物 硬性广告 + 软文广告
市区至清水湾行驶中途
项目楼书、折页等宣传资料
车载项目资料片播放
距离告知型户外广告
抵达清水湾售楼部
高速路出口户外广告
项目入口精神堡垒
区内道旗广告

岛内封锁传播动线图

的形象广告，第一次让雅居乐·清水湾在你脑海形成认知；到达三亚或是海口，行李领取处的灯箱广告不露声色的叠加着品牌印记；一出机场，两块大型的户外广告色泽鲜明的提醒着你：“来清水湾看真正的海”；当车子驶入凤凰路，沿途垄断式的灯杆灯箱广告，让你开始留意起雅居乐·清水湾傲人的资源、配套与实力；终于抵达酒店了，高端消费场所类媒体，会在你扫尽旅途疲乏的时候，不失时机的推荐起来……或许这时候，你真的有了去看看的冲动，那么，前往清水湾的高速公路上，立柱式广告，会与你做着心理距离的沟通：“离真正的海15分钟”；大巴上TVC会把清水湾的全貌第一次呈现在你面前……就这样，你走进了清水湾，走进了这片“真正的海”。

是的，这是战争中强势一方经常使用的“围剿式战术”。从消费者角度设定的岛内传播封锁体系，在不知不觉中把雅居乐·清水湾印在了每一个记忆海绵中。体系化的传播统筹，超乎想象的传播效应，让雅居乐·清水湾跑步前进的越过了认知率为零的推广初期。

人们记住了“清水湾”，记住了“真正的海”，也记住了这个未来中国滨海度假第一盘的“王者之势”。

上：凤凰机场灯箱广告

下左：凤凰路道路灯箱广告

下右：凤凰机场廊桥广告

上：新年贺卡红色纸船创意

这只写满祝福的红色小船，把海与祝愿创意的联系在了一起

上：新年贺卡设计

即使小到一张贺年卡，“真正的海”的品牌印记亦无处不在

整合推广的要义在这次传播中体现无遗

雅居乐 · 清水湾全国性推广的需求，
使我们最终创建出全新的“三维传播模型”：
一个传播内核 + 一套整合推广模块 + 一系列分众传播体系。
事实证明，这套全新的传播理念发挥了超乎想象的巨大的能量。

没有，就去创造

—— 全国性三维传播体系

当整合传播被提出的那一刻，其实也意味着分众式传播的时代即将来临。

中国辽阔的幅员，大跨度的气候带，不同的地理环境，以及不一样的历史际遇，都注定了将孕育出完全不同的人：时尚而精明的上海人，一生下来就带着股皇城气的北京人，说话大声、做事大气的东北人……如此迥异的性格特质下，其消费习惯与需求自然大不同。

如何在“真正的海”统一的主题下，真正走进他们的生活里，进行有针对性的、实效的传播，是摆在我们面前的一个课题。而正是雅居乐 · 清水湾全国性推广的需求，使我们最终创建出一个全新的“三维传播模型”：一个传播内核 + 一套整合推广模块 + 一系列分众传播体系。

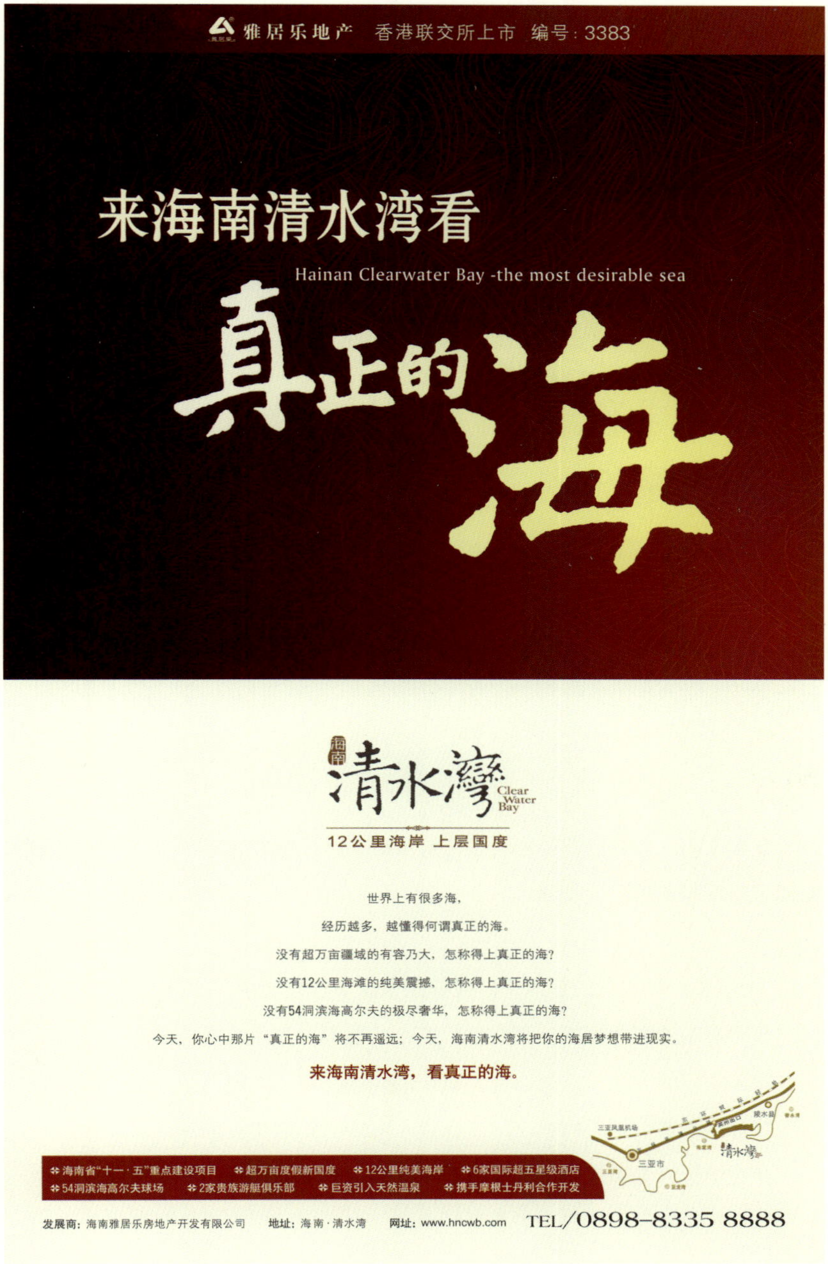

《真正的海形象篇》

文案：

世界上有很多海，经历越多，越懂得何谓真正的海：

没有超万亩疆域的有容乃大，怎称得上真正的海？没有12公里海滩的纯美震撼，怎称得上真正的海？

没有54洞滨海高尔夫的极尽奢华，怎称得上真正的海？

今天，你心中那片“真正的海”将不再遥远；今天，海南清水湾将把你的海居梦想带进现实。

来海南清水湾，看真正的海。

《真正的海实景篇》
是对形象稿最直观的丰满

事实证明，在我们塑造雅居乐·清水湾品牌三年多的时间内，这套全新的传播理念发挥了超乎想象的巨大能量。

在我们2009年2月的提报中，我摘录了以下这段文字：

针对严寒的东北市场，怎么说？真正的温暖，真正的海。

针对灰霾的大城市，怎么说？真正的明媚，真正的海。

针对消费者记不住的数字，怎么说？数字，筑起真正的海。

针对销售的火爆，怎么说？真正的震撼，真正的海。

针对热销的回温广告，怎么说？感谢7000买家，用眼光见证真正的海。

是的，这就是我们全国区域市场分众传播体系的最初构想，也就是这个不过一百来字的构想，真正实现了雅居乐·清水湾一个主题，N个区域诉求的"三维传播体系"。

7000买家，用眼光见证真正的海

雅居乐·海南清水湾未开盘即倍受热捧

在新春回暖之际，海南清水湾样板房全球首度开放，吸引了来自世界各地的富豪名流接踵而至。海南清水湾荟萃的臻稀资源更是让他们流连忘返，纷纷庆幸能在第一时间见证这片真正的海，同步举行的“巴黎宝藏”奢侈品私人定制展更将现场气氛推向高潮。活动期间，海南清水湾启动内部认购，逾7000名买家亲临现场踊跃抢购，众人抢一房的场面屡见不鲜，场面超乎火爆。

海南清水湾的逆势热销，是楼市回归理性消费后，再次对“无价海居”的肯定。且“超万亩恢弘规模、12公里纯美海岸、6家国际超五星级酒店、54洞滨海高尔夫球场、千个泊位游艇码头、巨资引入天然温泉”等无可比拟品质，更是海南清水湾惊艳全球，领跑楼市的根本。正如一名来自澳洲跨国集团总裁所给予的中肯评价：“清水湾用数字建起一片真正的海呀！”

其实，在海南清水湾春节期间首度“试水”的内部认购中，早有一批有识之士抢“鲜”入市，成为了海南清水湾09年首批业主，而每位业主都有自己的一个“清水湾”情结。

山西某私营企业家王先生：看好以后发展，抢先入市绝对不会亏！

原来早2年前，王先生就已关注海南清水湾的发展了。当海南清水湾被列为海南省“十一·五”重点建设项目，以及全球最大与最具影响力的金融服务机构——摩根士丹利加盟之后，更加坚定他看好海南清水湾的信心。这次他把握先机，果断出手！

上海某跨国集团高管Kevin：现在，我已经能想到一个比肩世界的度假王国。

Kevin一年中总有几次到海边度假。他第一次到海南清水湾实属无意之举，却沉迷于12公里原生态的纯美海岸。当他了解到雅居乐地产将投资逾200亿以国际标准规划整体湾区，引进6家国际超五星级豪华酒店。他已确信，在不久的将来，这里将崛起一个世界级的超大型度假王国。

哈尔滨某外贸公司老总徐先生：以后到海南过春节，就可以住自己的家了。

徐先生为了避寒，每年春节都携家人到海南度假。一直以来，他都在留意海南的楼盘，却总没有十分满意的。而海南清水湾是一个以全年候度假为标准的综合大型湾区，配有多家超五星级度假酒店、滨海高尔夫球场、贵族游艇会等高尚度假配套，同时还建有娱乐中心、商业长廊、国际酒店、社区医院等生活配套。他认为这里不仅适合短期的旅游观光，更合适长期休闲度假、恬静养生。

重庆名媛张女士：我确实是被打动了，自己先买再介绍给朋友。

“这里实在是太美了！”张女士不止一次的惊叹。当她第一次陪朋友到清水湾考察时，就立刻被清水湾的一山、一海、一滩构筑的山海一体化的三维景致所震撼，认为其稀缺的自然资源世界罕见。春节期间，她先后推介几十位朋友前来看楼，并有十多个朋友成功认购。

正是如此臻稀自然资源，以及诸多无可比拟的优势，皆凸显海南清水湾高度假与高居住价值，吸引了全球富豪名流的追捧，也正是其逆势热销的原因所在。

清水湾 Clear Water Bay

12公里海岸 上层国度

发展商：海南雅居乐房地产开发有限公司 地址：海南·清水湾 网址：www.hncwb.com TEL/0898-8335 8888

《真正的海》软文稿

以现场消费者真实感受为基点，创作的这一系列软文稿，

对实际销售起到了榜样的作用。

上：《真正的海5大标准篇》为真正的海树立的理论标杆

下：《真正的震撼，真正的海篇》则在清水湾热销之际，添加了一把感性的火

《真正的海》三联版在多个媒体开创了先例

这种新的媒体形式，在读者重复记忆方面起到了理想的效果

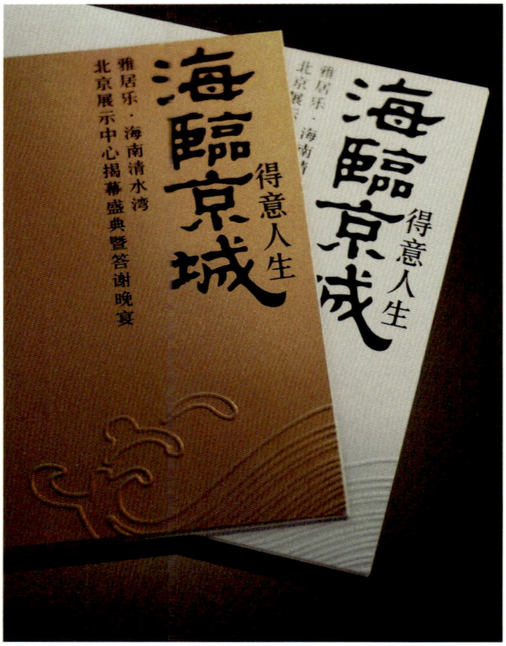

《海临京城》北京展示中心揭幕活动邀请函

以2009年9月北京销售中心落成为例:

在当时的北京，雅居乐·清水湾不过是个寂寂无名者。如何有效利用这个营销节点，让传播像个地道北京人一样说话，是“真正的海”能否克服“水土不服”的关键。广告要和北京人谈什么？空气质量？灰霾的天空？投资的前景？似乎都对，又似乎都没讲到北京人的骨子里。对，他们不是上海人、广州人、湖南人，他们的骨子里有着的是与生俱来的皇城气，这才是北京人。当“海临京城”出现在提板上的时候，我们知道，千百年来北京城里弥漫着的那股子气场找到了。

北京青年报连续几天，我们以事件型传播的手法，向古老京城昭示一个重大时刻的来临。山雨欲来风满楼的王者气一天天变得浓郁：海临京城，还有4天、3天。这种少见的竖式三分一广告在揭幕的那一天达到高潮，三联版的广告“海临京城，得意人生”，像一条长长的红地毯，把雅居乐·清水湾迎上了全城聚光灯最密集的舞台。

这是区域传播体系中一个典型性的案例。对当地人文与历史的尊重，让“真正的海”真正的走进了北京人、上海人、山西人的心里。

《海临京城》悬念式广告

在《北京青年报》连续投放，取得了超乎预期的传播效果

2

懂得对自己好

雅居乐 · 清水湾新年强销期传播（2009—2010）

雅居乐 · 清水湾不逊于开盘业绩的大卖，

证实了能切中受众脉搏的传播，才是最犀利的传播。

黄昏的清水湾，偶然的一次抓拍，竟得到了这张随意却完美的照片

一　　在这个阶段的传播中成为了主角

“我是这样向朋友推荐的。别的地方，你可以拿来投资。但清水湾，你一定要留给自己，一定要自己来住，因为这才是真正对自己好。”

这是雅居乐 · 清水湾营销负责人简毓萍小姐的一句原话。也正是她对朋友的肺腑之言，让我们找到了传播的突破口。

九月，对海南楼市意味着丰收的秋天来了，也意味着残酷的市场战争即将打响。在这样一个抢销售的时段，能反其道的绕过直白的卖点、赤裸的促销，娓娓的与受众谈起生活的感悟，不得不说是一种气魄。雅居乐 · 清水湾不逊于开盘业绩的大卖，也证实了能切中受众脉搏的传播，才是最犀利的传播。

这是我记录过的最绮丽的黄昏
也正是这个黄昏让我彻底的爱上了清水湾

在财富的高速路上，
中国的富裕阶层不再是那个可以潇洒的从牛背上一跃而下的田间少年，
他们眼前是因速度变得模糊的水泥路面，
他们的脑海里充斥着跳下去的沉重代价。

富人，“被幸福”的一群人

—— 中国财富阶层幸福指数洞察

中国的财富阶层，正站在时代最尴尬的十字街头。

中国近代社会的动荡，耗尽了这个泱泱大国几乎所有的家底。在改革开放猎猎作响的大旗下，中国人开始拼命的做着同一件事情——赚钱。财富，成为了中国那个特殊时段成功的代名词。从“万元户”到“百万富翁”，他们成为了雷锋式英雄之后新的时代偶像。然而，财富的累积终将成为一场数字的游戏，有了钱的中国人新的人生目标在哪里？财富累积带来的“慢不下来”、“停不下来”的后遗症，在哪里可以治愈？是无休止的把游戏继续下去，还是重新审视自己的未来？这时的他们才发现，一个个历史命题摆在了自己的面前，躲不开，也绕不过。

我们看过太多精英富豪急流勇退的报道，但这毕竟只是极少数。在财富的高速路上，中国的富裕阶层不再是那个可以潇洒的从牛背上一跃而下的田间少年，他们眼前是因速度变得模糊的水泥路面，他们的脑海里充斥着跳下去的沉重代价。他们必须回答“成功为了什么”这个人生拷问。

他们是“被幸福”的一群人。在中国人传统的认知里，有钱就等于幸福。是的，在什么都需要“计划”的六七十年代，这是个全民真理，“有肉吃”就是最大的幸福。而在今天呢？

今天，我们会关注民工的生存问题，我们会为弱势群体振臂疾呼，我们会把同情的手伸给山沟沟里读不了书的孩子们，但是我们不会这样去看待一个富人。因为他们拥有这个社会80%的财富；他们有游艇，甚至飞机；他们可以去到他们想去的任何一个地方；所以他们一定是幸福的。这个谬论成立得如此合情合理。

在2008年7月与雅居乐高层的第一次沟通中，我就提出过这样的观点：“中国的财富阶层，其实是一个弱势群体。”我所指的弱势，并不来自于他们显性的社会地位、物质满足，而是这种社会偏见强加给他们的虚假繁荣。他们为了事业牺牲家庭时，不可以哭；他们把社会就业扛在肩上的时候，不可以喊累；他们为汶川捐出一百万的时候，得到的是为富不仁的骂名……

没有人会关注创造80%社会财富的同时，他们需要的社会承担；没有人会关心他们成就背后，自我实现的迷失；说到底，没有人会真真正正的在意他们是否过得幸福。不错，他们是站在这个社会最绚烂的舞台上微笑；但是，没有人看见他们也躲在后台最边缘的地方落泪。这让我想起葛培理在《幸福之诀》中讲的一个故事：有一天，一个患有忧郁症的病人找到医生说，“我无法让自己快乐起来。”医生说，“你可以去看看那个著名的小丑的表演，据说他可以让最沮丧的人开怀大笑。”病人忧郁的回答，“我就是那个小丑。”中国的富人不就是这个忧郁的小丑？

回望华夏五千年，财富阶层对自我幸福的审视，从未如此深刻。“懂得对自己好”正是基于这样的洞察，一下把中了中国财富阶层的命脉。

“他们很有钱，在各地有很多房子，

但是他们从来都不去。他们连门牌号码都不知道。

当他们听到我介绍清水湾的时候，第一个想到的仍然还是投资。”

懂得对自己好

—— 中国财富阶层的生活倡导

尽管当时很多人对这个传播主张持质疑的态度，但我始终认为这是一个时代洞察，这是一次对中国财富阶层的生活倡导。

“懂得对自己好”有两层意义。首先是倡导中国富人要有“对自己好”的主观意愿。中国财富阶层赚钱的能力远远高于花钱的能力，这是个事实。更多时候，他们是以一种经济动物的形态展现在我们面前。“他们很有钱，在各地有很多房子，但是他们从来都不去。他们连门牌号码都不知道。当他们听到我介绍清水湾的时候，第一个想到的仍然还是投资。”这是简毓萍小姐在聊起中国富人时说过的一段话。

“对自己好”的意愿，是他们走过财富累积后必然的人生阶段，是他们拥有全球视野后必然的反思。近几年中国财富阶层高端生活消费比重的迅速提升，正是例证。他们开始重视身心健康，他们开始注重生活的质量，他们开始像欧美的富裕阶层一样，每年定期旅行……

清水湾光着屁股嬉戏的孩童，或许比中国的财富阶层更懂得人生的意义

“懂得对自己好”绝不是买一辆宾利、一艘游艇的物质犒赏，她应该是对现有社会生活的一次有规划、有预见的平衡。这也是“懂得对自己好”的第二层含义。何谓懂得？在这里，懂得首先是放下。就像我们在楼书文案中写下的那样：脱掉身上的阿玛尼，让百达翡丽停止转动。这里不需要董事长、总裁，这里拒绝密密麻麻的日程表……然后，是生活：花三小时堆一个沙堡；花上一整天的时间，上演现代渔夫与海的故事；或是邀三五知己，乘白色的游艇远航……最后呢，据调查真的有很多人在清水湾置业，不是作为投资，而是留给自己。

传播的最终目的当然在于销售，但我却希望这次传播效果不要仅此而已。起码，能够给中国的“小丑们”一个开怀大笑的理由。

一个乱了刻度的时钟，带给人们的是什么感受?
是混乱，是没有了规则，是世界乱套了。
对，我们就是要这个世界乱套!

一个乱了刻度的时钟

—— 一个乱了套的创意

时钟，是秩序的执行者：分秒的刻度，绝对对称的视觉感受，仿佛就是人类社会属性的卫道士。时钟，是一条条绑在身上的铁链：9点的董事会议，13点在某一个遥远城市的土地拍卖会，20点与企业高管的沟通会……时钟，是财富阶层不幸福的帮凶。

一个乱了刻度的时钟，带给人们的是什么感受？是混乱，是没有了规则，是世界乱套了。对，我们就是要这个世界乱套！这个创意原点令我们兴奋不已，广告人唯恐天下不乱的孩童心理，像个恶魔一样无法抑制。“Second life”最迷人的不就在于这种破坏性吗？把一切推倒重来，生活由我做主：每天可以睡到自然醒，一推开窗整个儿都是蓝的海；如果愿意，我可以在凌晨2点晒月光，在密密的椰树林轻柔的海风里，睡上一整个下午；如果愿意，我可以把沙滩服当作每天的正装，赤着双脚在无人的海滩漫步到繁星满天……或许生活的本意就是如此，在我们把一个叫做时钟的枷锁加在自己身上之前。

《感悟篇》杂志稿

文案：

不经历，不会懂得何谓“对自己好”。

不经历起伏，怎懂得把家安在12公里长滩的弥足珍贵；

不经历世事，怎懂得一艘游艇，三五知己的天长地久；

不经历顶峰，怎懂得果岭上的推杆远远大过并购的喜悦；

从今天起，在海南清水湾，做一个懂得对自己好的人。

前后对比，是广告创意里一个非常老却依然有效的手段。
她在地产广告中是否有效?

让时间证明:
选择清水湾，就是对自己好
—— 前后对比在地产广告中的一次尝试

从荒芜的野海，黄色的巨大工地，到一个度假国度雏形初现……我们是看着清水湾一天天建起来的。仅仅两年的时间，清水湾建设的速度着实令我们惊叹。如果让受众看到这样的进程，会是什么样的效果呢？对于已经来过清水湾的客户，如何让他们产生再来一次的冲动？这个构想催生了这一前后对比型广告系列。

前后对比，是广告创意里一个非常老却依然有效的手段。至今绝大多数的化妆品广告依然屡试不爽。她在地产广告中是否有效？在我们翻看完两年来厚厚的清水湾图片集，这个地产广告领域从未有过的想法成为了现实。前后对比，不仅令我们惊讶，也吸引了一大批新老客户来到现场。时间，成为了销售最有力的武器。雅居乐 · 清水湾的巨变，彻底去除了一大批观望者最后的疑虑，这个看似遥远的未来，触手可及。

即使在挑剔的雅居乐高层眼里，这次实效传播的效果亦令人满意。

《进程篇》杂志稿

文案：

365个日与夜，清水湾从一片原生海湾崛起为一个国际滨海度假胜地。

数月即建成一个18洞高尔夫球场，恢宏的16公里景观大道现已铺就过半，累计投资逾50亿……

唯洞见实力价值，方谓懂得对自己好。

《蓝图篇》杂志稿

文案：

6个月劲销40亿，领跑海南楼市！辉煌背后，是雅居乐地产日复一日的深耕细作。

单个户型的施工图纸超过一栋普通房子；

一个沙滩果岭的建造要求比一整个常规球场更严格；

景观大道降噪标准达到一般道路的1/10……

唯洞见细节价值，方谓懂得对自己好。

《生活篇》杂志稿

文案：

每天愈美的海南清水湾，只为点缀您每一段恬静的时光。

于滨海高尔夫，挥洒三五知己的豪情；五星会所里爵士乐，是夜晚最好的佐餐；

湖畔商业中心，上演的不仅仅是米兰的时尚……

唯识人生精彩，方谓懂得对自己好。

让生活自己说话，冷冰冰的卖点成了一幅画、一张摄影作品，
成了一部生活剧目的漂亮背景。

让生活自己说话

—— 带入式传播的魅力

我们看过太多卖点罗列的广告，其优势无需多言，但面对生活氛围日益浓烈的清水湾，这样的创作思路合适吗？清水湾生活家的构想由此而生：从每一位气质迥异的生活家角度，全方位的展示中国滨海度假第一盘的生活之美。

《摄影师篇》与《画家篇》是一次纯粹的创作，却源自生活。有一位艺术家是把工作室从北京搬到了清水湾的，他说这里可以给他足够的创作灵感。而清水湾成为海南摄影师新的天堂早已不是新闻。也许你无意间翻开清水湾的广告，在生活家彩色的长卷里，你成了画作旁静静注目的邻居；成了摄影师最新作品里的主角……让生活自己说话，冷冰冰的卖点成了一幅画、一张摄影作品，成了一部生活剧目的漂亮背景。

这样的广告或许才能主动的与受众攀谈起来，让他们不自觉的走进这个第二人生的国度。

《画家篇》杂志稿

文案：

再纯美的海滩，如果没有生活的点睛都只是虚无的美丽；

小鸟球的美妙弧线，孩童阳光般的欢笑，白色风帆下的纵情……

在清水湾，生活才是真正的主角，

来海南清水湾吧，做一个懂得对自己好的人。

清水湾 让海有了生活的味道

巴黎，蓬皮杜，一场名为“海的味道”的画展备受瞩目，透过展出的三十幅作，我看到了一个遥远海湾迷人的一面。晚宴上，我有幸见到了这位美丽的东方画者—苏。与她的攀谈中，我记住了“清水湾”这个名字，更记住了这三十幅画作背后生活的百般味道。

穿越时空的邂逅

苏是从朋友住处墙上的一张照片，认识清水湾的。学西洋油画的她还清楚记得当时的感觉：“我禁不住一声惊呼，以至于正在下厨的朋友一下跑到了我面前，她看到我呆呆的指着那张她在海边的照片：这是哪里？这不就是印象派的那幅油画吗？事后朋友说我一定是着了魔了。”是的，苏当天便订了次日最早的航班飞到了这个令她着魔的地方—清水湾。直到她站在半岛面对着眼前无垠的蓝时，她才真正相信这场穿越了百年的美丽邂逅。

这里，让海有了生活的味道

真正的实景

真正的实景

苏真正的在清水湾住下了。于是，在12公里的沙滩上，在百年油画里的半岛上，在夕阳金色的果岭上，你会看到：一个略显清瘦的身影，一个木质的油画架，还有被风吹起时如痴的眼神。短短的几个月时间，她完成的作品相当于之前几年的数量，而灵感依然源源不断的涌现。苏说这源于这里缤纷的生活。走过大半个地球的她，去过数不清的滨海胜地，可是没有一个地方让她找到生活的感觉：那些地方也很美，独独缺了生活。那里有的只是旅行和猎奇。而清水湾恰恰不一样，这里的人从不把它当作驿站，而是在真真正正的生活。她说：这里，让海有了生活的味道。

纯真的味道——海边拾贝壳的孩童

这是苏最喜欢的一幅作品：蓝色的海、白色的浪花，红色T恤的孩童。画中的两个孩子现在成了她家里的常客。她说只有纯净的孩子才配得上这片真正的海；她说孩子金色的头发和这里柔软的阳光一模一样。

永恒的味道——半岛上拥抱的老人

“是的，这就是永恒的味道。”苏很肯定的点了点头。那是一个再寻常不过的清晨，一对须发已白的老人互相搀扶下缓缓的走上半岛。苏一直注视他们缓慢的背影，柔柔的晨光像是给他们装上了一对纯白色的羽翼。

生活的味道，只有生活的人才能品出来

这是苏在晚宴上和我说的最后一句话。她给了我一个神秘的微笑，我忽然有些明白：只有你真正的去生活，生活才会向你展开她最有韵味的一面。

看来，我是该订个航班了：谢谢，明天，去中国海南的机票。海南清水湾，我来了。

清水灣 Clear Water Bay

12公里海岸 上层国度

全球销售热线：0898-8335 8888

发展商：海南雅居乐房地产开发有限公司　地址：海南·清水湾（海南东线高速英州出口）　网址：www.hncwb.com

《画家篇》杂志软文稿

左：《画家篇》文案：

清水湾，让海有了生活的味道

巴黎，蓬皮杜，一场名为“海的味道”的画展备受瞩目。透过展出的三十幅作，我看到了一个遥远海湾迷人的一面。晚宴上，我有幸见到了这位美丽的东方画者——苏。与她的攀谈中，我记住了“清水湾”这个名字，更记住了这三十幅画作背后生活的百般味道。

穿越时空的邂逅

苏是从朋友住处墙上的一张照片，认识清水湾的。学西洋油画的她还清楚的记得当时的感觉：“我禁不住一声惊呼，以至于正在下厨的朋友一下跑到了我面前。她看到我呆呆的指着那张她在海边的照片：这是哪里？这不就是印象派的那幅油画吗？事后朋友说我一定是着了魔了。”是的，苏当天便订了次日最早的航班飞到了这个令她着魔的地方——清水湾。直到她站在半岛面对着眼前无垠的蓝时，她才真正相信这场穿越了百年的美丽邂逅。

这里，让海有了生活的味道

苏真正的在清水湾住下了。于是，在12公里的沙滩上，在百年油画里的半岛上，在夕阳金色的果岭上，你会看到：一个略显清瘦的身影，一个木质的油画架，还有被风吹起时如痴的眼神。短短的几个月时间，她完成的作品相当于之前几年的数量。而灵感依然源源不断的涌现。苏说这源于这里缤纷的生活。走过大半个地球的她，去过数不清的滨海胜地，可是没有一个地方让她找到生活的感觉：那些地方也很美，独独缺了生活。那里有的只是旅行和猎奇。而清水湾恰恰不一样，这里的人从不把它当作驿站，而是在真真正正的生活。

她说：这里，让海有了生活的味道。

纯真的味道——海边拾贝壳的孩童

这是苏最喜欢的一幅作品：蓝色的海，白色的浪花，红色T恤的孩童。画中的两个孩子现在成了她家里的常客。她说只有纯净的孩子才配得上这片真正的海；她说孩子金色的头发和这里柔软的阳光一模一样。

永恒的味道——半岛上拥抱的老人

“是的，这就是永恒的味道。”苏很肯定的点了点头。那是一个再寻常不过的清晨，一对须发已白的老人互相搀扶下缓缓的走上了半岛。苏一直注视他们缓慢的背影，柔柔的晨光像是给他们装上了一对纯白色的羽翼。

生活的味道，只有生活的人才能品出来

这是苏在晚宴上和我说的最后一句话。她给了我一个神秘的微笑，我忽然有些明白。只有你真正的去生活，生活才会向你展开她最有韵味的一面。

看来，我是该订个航班了：谢谢，明天，去中国海南的机票。清水湾，我来了。

《摄影师篇》杂志稿

从学术角度上讲，
这种传播手法可以很好的解决，超大型地产项目必定面临的大信息更新。
而让受众形成固定的阅读习惯，是新闻媒体式传播的最大贡献。

清水湾要闻

—— 新闻媒体的跨界创意

雅居乐·清水湾的进程，完全称得上日新月异。

雅居乐集团在该项目上持续不断的投入，令我们都有些应接不暇。每个月的项目现场会上，我们总会听到这样的信息：这个月已投入几千万，用于园林改造；汇聚数百国际知名品牌的名品城将正式落户清水湾；规模位列亚洲前三的游艇码头签约完成……这么多的销售利好，如果不能及时传达给受众，将是传播巨大的损失。我们意识到这点的同时，也为自己找来了一个麻烦：如何利用现有的传播渠道，把这些利好有效传达？

创新，往往就来自于自找麻烦。在一次收看新闻节目时，灵感出现了。我们为什么不可以像做新闻一样做广告呢？我们为什么不可以像新闻模式一样培养清水湾受众的

《 NEWS清水湾要闻 》最重要的品牌建设
在于培养了一种独有的阅读习惯
在阅读清水湾广告时，第一时间阅读《要闻》
这点在之后的业主回访中得到了验证

阅读习惯呢？“清水湾要闻”就是在这样的反问中诞生了。这是广告传播中从未有过的尝试，效果怎样？一位雅居乐 · 清水湾业主这样说：“清水湾的广告，我是必看的。首先看的不是画面，也不是广告语，而是清水湾要闻，因为这和我息息相关。”是的，这是一次成功的创举。

从学术角度上讲，这种传播手法可以很好的解决，超大型地产项目必定面临的大信息更新。而让受众形成固定的阅读习惯，是新闻媒体式传播的最大贡献。

3

国际的旅游岛，世界的清水湾

雅居乐 · 清水湾政策利好期传播（2010）

在几乎所有的发展商千篇一律推销着在售产品的时候，

我们提出占位式的品牌传播导向，是否是一个市场的缓招？是否会让销售绕了弯路？

受众是否会因为接受不到直接的产品信息而流失？

中国国务院在2009年最后一天公布了关于《推进海南国际旅游岛建设发展的若干意见》，这个文件指出，作为国家重大战略部署，中国将在2020年把海南岛初步建设成世界一流的海岛休闲度假旅游胜地，使之成为开放之岛、绿色之岛、文明之岛、和谐之岛。

国际旅游岛政策的出台，对于投资渠道匮乏的中国市场，无异于打开了一个巨大的水闸。台湾《财金杂志》的报道颇具代表性："国际旅游岛政策公布后，整个海南岛掀起一股淘金热，吸引全球资金疯狂卡位，估计未来10年投入资金将高达3.5兆人民币，这个全大陆面积最小、人口最少的省份，俨然成为最火热的爆点"。房地产无疑是这次热潮中的热中之热，整个市场的突发性放量，单价以天为单位的爆发式增长，一时间，海南楼市呈现出一房难求的市场经济奇观。

在如此疯狂的市场背景下，已然成为海南新名片的雅居乐·清水湾将如何面对？传播将以怎样的姿态应对市场？

占位！仍然是占位！这是我们面对狂热市场，作出的最坚决的判断。在几乎所有的发展商千篇一律推销着在售产品的时候，我们提出占位式的品牌传播导向，是否是一个市场的缓招？是否会让销售绕了弯路？受众是否会因为接受不到直接的产品信息而流失？一句话，品牌和产品，谁唱主角？

"国际的旅游岛，世界的清水湾"就是在这样的质疑声中，一次性通过。

《世界的清水湾》户外广告效果图

我们不需要受众第一时间记住哪一个产品，
我需要的是他们记住雅居乐·清水湾这个大品牌。
至于是泰式别墅、欧式洋房，或是酒店式公寓？
请在雅居乐·清水湾的品牌店里慢慢挑选吧。

品牌和产品，谁唱主角？

—— 雅居乐·清水湾品牌制导型传播的探究

品牌和产品，谁唱主角？这是个实战传播中永远无法绕过去的命题。即使是在销售压力相对轻松的时段，我们都会频繁的听到这种质疑，更何况是在市场突发放量的机遇面前。

所幸在雅居乐·清水湾三年多的推广过程中，从未让产品凌驾于品牌之上。在我看来，这是种魄力，是种令市场折服的底蕴。不是所有的发展商都有如此的胆识，随手翻开身边的报纸，产品英雄主义的传播十之八九，真正用品牌统领，进而带动产品销售的不多。从这个层面讲，雅居乐·清水湾就是一个以品牌带动产品销售的成功案例。从“真正的海”、“懂得对自己好”，到“我爱清水湾”，雅居乐·清水湾的传播完全就是一次有层级的、可持续的品牌传播。我们不需要受众第一时间记住哪一个产品，我需要的是他们记住雅居乐·清水湾这个大品牌。至于是泰式别墅、欧式洋房，或是酒店式公寓？请在雅居乐·清水湾的品牌店里慢慢挑选吧。是的，品牌所要做的就是创建一个有识别力、有好感度的专卖店。当你想买一双运动鞋的时候，你第一时间

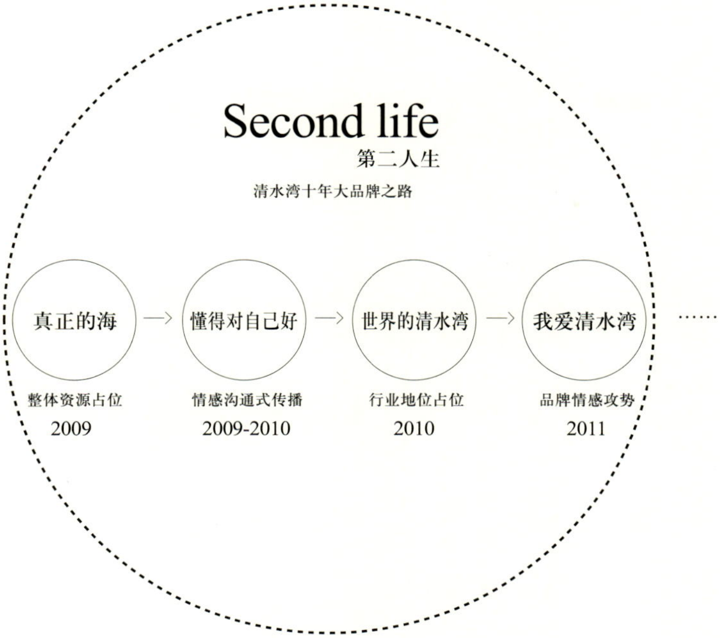

清水湾品牌塑造 进度图

三年多以来，雅居乐·清水湾的传播从未脱离大品牌塑造之路
在完成了资源占位、行业占位以及情感沟通、品牌恋爱等不同块面的品牌塑造后
清水湾的大品牌体系终于有了围棋里津津乐道的“大模样”

想到的不是颜色、款式，而是一个品牌，NIKE？或者ADIDAS？然后，所要做的就是前往这个品牌的商店慢慢挑选了。在这次购买过程中，品牌最大的贡献在于屏蔽掉非常多的竞争对手，而选择只锁定在你的品牌店里。

当然，品牌主导，并不意味着无视产品的存在。就好像品牌店建得再好看，没有好的产品，消费者即使是来了，也会走的。品牌与产品，就是这样一对恩怨情侣，一路打打闹闹的走下去。

道理，我相信很多发展商都懂，只是到了抉择的时候，又退到了一个小买卖人的角色，“烧饼五毛一个”的叫卖起来。

光喊一句口号很容易，支撑在哪里？
品牌需要落地，尤其是这样一个大的品牌占位。

国际的旅游岛，世界的清水湾

—— 雅居乐·清水湾品牌行业占位

如果说，“真正的海”让雅居乐·清水湾从混淆的市场中跳了出来，以正视听的实现了物理层面的占位。那么“国际的旅游岛，世界的清水湾”则成就了其在行业中的强势占位。

2009年底的雅居乐·清水湾，不再是那个刚出道的无名小辈。近百亿的销售远远的抛离了竞争对手；1.5万亩度假国度的雏形已然呈现；“真正的海”令其资源优势无人出其右……

“我们的视野还停留在海南吗？不！与我们比肩的将是马尔代夫、夏威夷、黄金海岸……”在我们提报的第一页上赫然写着这样的一句话。是的，从这一天开始，清水湾不再是海南的清水湾，清水湾理应是世界的清水湾。“国际旅游岛”时代大背景下，我们必须以王者的姿态站在航母编队的第一排。

光喊一句口号很容易，支撑在哪里？品牌需要落地，尤其是这样一个大的品牌占位。“世界的清水湾”首先基于稀缺资源的占有。数据，最能说明问题。在清水湾，

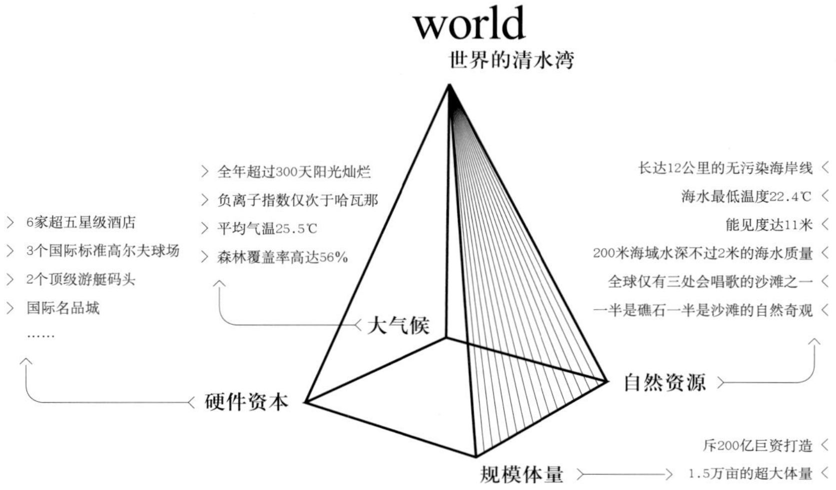

世界的清水湾 定位解析图

全年超过300天阳光灿烂，平均气温25.5℃，海水最低温度22.4℃，森林覆盖率高达56%，负离子指数仅次于哈瓦那……长达12公里的无污染海岸线，能见度达11米、200米海域水深不过2米的海水质量，全球仅有三处会唱歌的沙滩，一半是礁石一半是沙滩的自然奇观……在资源上，清水湾绝对称得上“世界”。

斥200亿巨资打造，摩根亚洲最大的投资项目，1.5万亩的超大体量，6家超五星级酒店，3个国际标准高尔夫球场，2个顶级游艇码头……实力与规模，是“世界的清水湾”最好的注脚。

而全球行业领导品牌的集结，让雅居乐·清水湾从诞生起就站在巨人的肩上。全球最大的建筑规划设计公司，影响力世界排名第一的酒店管理公司，全球游艇码头设计行业领导者……头衔的背后，是世界品质的保障。

没问题，“世界的清水湾”可以理直气壮的喊出去!

向奢侈品看齐

—— 中国地产广告奢侈品路线的探究

像奢侈品一样做广告。这是我们对雅居乐·清水湾这一阶段传播表现提出的调性要求。

奢侈品牌的致胜之道，不在于物理，在于精神。正如我们拥有一块百达翡丽的时候，最大的愉悦不是来自一块材质、做工如何精密卓越的手表，而是代代传承的精神。雅居乐·清水湾可否走出一条自己的奢侈品之路？清水湾的精神图腾在哪里？很多人会认为清水湾的成功得益于市场机遇，但与雅居乐合作的三年里，我们看到的、感受到的也许更接近于真实：

整个清水湾团队全年无休的超常付出；对每个细节一改再改，臻于完美的精神；不计成本的自我修正……对，我们要挖掘的就是这种精神：凡事“绝不退而求其次”；立于巅峰，却“从不止于卓越”。

制造神秘感与距离，是奢侈品传播的另一法则。距离，产生美。大多数奢侈品会刻意营造与普通受众的距离感。这种高高在上的感觉，与其说是种调性，毋宁说是一种姿态。在以画面唱主角的海南房地产广告中，我们试图做出这种骄傲的姿态：把

《卓越篇》杂志稿

文案：当好望角的第一缕阳光在景观大道洒落；当曼谷的金色穹顶在海岸线划出美妙的天际线，
当拉斯维加斯的璀璨在6家五星级酒店辉映……世界已就在眼前，
雅居乐海南清水湾，集结世界自然奇观，齐聚全球顶尖品牌，
再现东西建筑经典，实现奢享度假的所有想象……
已然成为“国际旅游岛”典范。

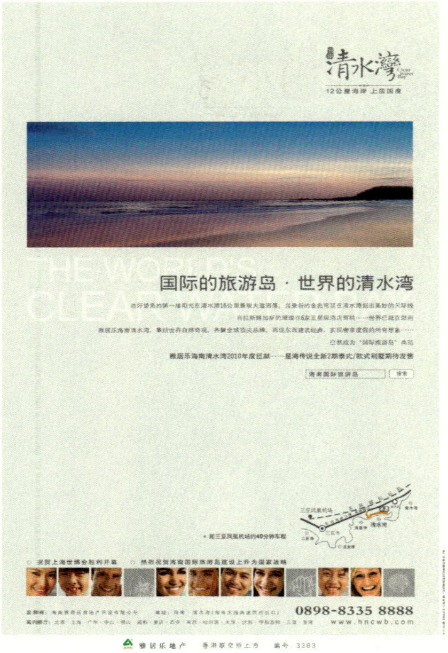

《海恋篇》杂志稿

画面比重降到最低，以尽可能纯净的画面示人，用观点与态度获取受众的青睐。

干净，是对我们对版式唯一的要求，却也是最高的要求。我们碰到过太多这样的客户：“我的版面每一厘米都是花了钱的，你们不能让她空在那儿。”所以我们看到了太多密密麻麻的广告，一翻而过是受众对待她们最好的办法。相对于千变万化的产品形态，信息的简洁，几乎是所有奢侈品广告的特征。大巧无工，才是设计的至高境界。雅居乐·清水湾的广告也正是在这次品牌教育后，变得“干净”起来。

事实上，这次尝试并没有我们想象得完美。销售的压力使我们最后不得不放弃了精神层面的诉求。得以延续的，是我们今天所熟悉的雅居乐·清水湾调性——一篇“洁净”的海南房地产广告。

《世博篇》杂志稿

文案：感受过世博会灯光如钻的璀璨，更懂得清水湾夏夜星空的绚烂；

体验过世博会国粹集结的非凡，更懂得清水湾国际配套的臻稀；

领略过世博会浓郁的异域风情，更懂得清水湾荟萃世界的魅力。

来真正的海，看世界的清水湾。

同一个广告里，形象塑造与产品卖点诉求
往往会因为争夺地盘，而顾此失彼，两败俱伤。
一软一硬，两稿并行，很简单的解决了牛马同拉一辆车的窘境。

一软一硬，唱大戏

—— 形象+软文的地产平面媒体组合

我一直认为，形象+软文的平面媒体组合，是房地产广告非常理想的传播组合方式。房地产不像一双鞋、一支酒或是一辆车来得直观、单纯，其涵盖面之广，诉求点之多，都远远超出其他品类。同一个广告里，形象塑造与产品卖点诉求往往会因为争夺地盘，而顾此失彼，两败俱伤。一软一硬，两稿并行，很简单的解决了牛马同拉一辆车的窘境。

雅居乐·清水湾从一开始便采用了这种组合，效果很不错。试想想，当你坐在飞往海南的航班上，看到一篇单纯的形象广告有所触动的时候，第一个想法是什么？“如果能进一步了解项目的产品形态、园林风格，或许会更好。”是的，这时软文的作用力就可以最大化的施展出来了。

形象稿与软文稿并行的媒体组合模式，在清水湾传播的中后期得以广泛采用。形象的引导与软文的详尽相得益彰，传播的效果十分理想。

4

我爱清水湾

雅居乐 · 清水湾品牌热恋期传播（ 2011 ）

面对观望，

要么以更冷静的诉求撬动市场；

要么用炙热的非理性——情感融化市场。

我 CLEARWATER BAY 清水湾

"我爱清水湾"沿用了"I Love NY"基本结构，
但在心形上采用了更加轻松、自由的手绘风格；
同时为增强识别，中文成为视觉主导。

2010年，被寄予厚望的"十一"黄金周在凄风冷雨中黯然结束。面对持续的阴雨以及国家新一轮调控政策的出台，海南发展商所期待的"金九银十"最终成了镜中花、水中月。据统计，黄金周海南楼市销售不足百套。一度高烧不退的市场瞬间降至了冰点，海南楼市与消费者的恋爱关系进入了"冷静观望期"。与此同时，随着新组团的相继推出，雅居乐·清水湾却步入了全年新一波的销售放量期，能否完成年度销售指标在此一举。我们不容许和市场一起冷静的"观望"。

面对观望，要么以更冷静的诉求撬动市场；要么用炙热的非理性——情感融化市场。我们把传播的两条路摆在了营销负责人简毓萍小姐的面前。整个营销部形成了两个对立的阵容，各持己见，争执不下。

"用情感融化市场。"我们给出了自己的答案。理由有四点：其一，日渐壮大的业主群，是我们最值得深耕的资源，业主之于清水湾的感情，是我们可以放大的价值点；其二，相较仍是一张蓝图白纸的后进同区域竞争对手，日渐成熟的清水湾，将是我们

户外广告、电视媒体、平面广告、专题报道、网络攻势……一时间，
“我爱清水湾”的品牌印记几乎覆盖了整个海南。

上演情感大戏的最好舞台；其三，同时期的海南地产99%都在做物理层面的诉求，跳出物理诉求，是我们再度引领市场的捷径；其四，也是最关键的一点，“清水湾”三个字已在消费者心中价值千金。如何在大品牌上做文章，是我们最大限度抛离对手的方法。

在这个“寒冷”的海南，我们需要的不是几篇报纸广告、软文，或是活动策划，我们需要的是一场火热的品牌运动。一场“我爱清水湾”的品牌运动。

纽约的重新振作不可能只是一个Icon的力量，
但“I Love NY”里的情感力量，却令我们为之动容。

从城市营销得到的启示

—— “I Love NY”城市营销案例浅析

“I Love NY”这个由美国传奇设计师米尔顿创作的Icon，恐怕是世界上被复制最多的平面作品。上个世纪70年代初，美国经济陷入一片萧条之中，冷战的阴影、大面积失业的恐慌，让人们对生活失去信心。当时正是这个“I Love NY”仿佛一支强心剂，令美国人重燃希望。从此，这个简单可爱并富有生命力的Icon，成为了美国历史上最经典的平面设计作品，至今仍作为纽约精神的象征出现在城市的每个角落。当然，纽约的重新振作不可能只是一个Icon的力量，政府的扶持，相关政策的宽容度，以及各种危机措施的实施是真正的英雄，但这个小小Icon里的情感力量，却令我们为之动容。

无独有偶，2009年，一部《纽约，我爱你》的影片再度令世人爱上了这个城市。她的第一集《巴黎，我爱你》，早已被看作巴黎城市营销量身订做的硬广告，成为巴黎旅游最好的形象使者。而即将问世的《上海，我爱你》会为东方魅力之都带来怎样的影响，我们拭目以待。

具备了相当情感积淀与品牌美誉度的雅居乐·清水湾，为什么不可以在“爱”上面做做文章?

"I Love NY"可能是迄今被复制得最多的Icon之一，
但即使在情感淡漠的现世，
其对情感的煽动力与感召力依然如这颗火红的心一样强大。

上："I Love NY" Icon

下左：《巴黎，我爱你》宣传海报

下右：《纽约，我爱你》宣传海报

爱要怎么说出口？
不同的人、不同的需求、不同的行为，
“我爱清水湾”正是在三个维度的合力之下，
把中国人难以启齿的“Love”好好的讲了出来。

爱要怎么说出口

—— “我爱清水湾”品牌运动解构

不是每一个品牌都可以言“爱”。

核心是人，有没有人会从内心说出“我爱清水湾”，是这次品牌运动成立的前提。走过的3年，我们有太多爱的例证：身边这些熟悉的身影，早已默默的把自己最好的年华交给了这片曾经荒芜、寂寞的海；深夜2点排队买楼的人群里，会出现黄总、简总送来棉被的身影；海滩上偶遇的杭州老先生，把清水湾视作他的第二故乡……是的，一万个人，就有一万种爱。雅居乐人对清水湾的爱，是我们发起这次品牌运动的原点；合作伙伴的爱，给予了无限的能量；业主与社会对清水湾的爱，将是生生不息的源泉。这是“我爱清水湾”的三股原动力，他们将成为不二的代言人，用亲身的经历，朴实的言语感化这个冷冰冰的市场。

不同人物不同角度的爱，是这次品牌运动的第一维度。

从企业社会责任角度，雅居乐集团为海南水灾捐赠1300万的大爱之举，可以从集团主席的口中说出：我爱海南，我爱清水湾。

从集团打造清水湾的决心上，副总裁黄奉潮先生的一句话可以概括：我对清水湾的爱就是，我不能辜负这片海。

从简毓萍小姐与很多朋友交谈中的一句心里话，我们找到了一个营销负责人超出职业的爱：我不是在推销房子，我是和好朋友分享我挚爱的东西。

大摩亚洲区总裁，从企业角度的原点表达是个不错的想法：我们爱清水湾，所以把亚洲最大的投资放在了这里。

……

不同区域、不同消费群体对爱的不同需求，将搭建起品牌运动的第二维度。在这点上，与前期“真正的海”阶段传播的思路相似。

针对冬季寒冷：我爱温暖，我爱清水湾；

针对城市灰霾：我爱蔚蓝，我爱清水湾；

针对都市压力：我爱自由，我爱清水湾；

……

行动力，是这次品牌运动的第三维度。或者说是这次品牌运动最具创建性的一面。没有实际的行动力，“我爱清水湾”只能是一个传播主张，而非一场全民皆兵的品牌运动。在产品开发、企业关系、服务体系、生活方式、社会公益等五个品牌动作上，我们进行了系统的规划，以期“我爱清水湾”深入到每一个人、每一个流程和每一个行为规范中。回头来看，在当时，这个构想过于庞大，这需要一个企业由上而下的贯彻执行，这需要一个相对长的时间的保障。最终这个构想停留在了纸面上，个中易操作的动作以零星的方式得以实施。关于这部分我会在以下的章节详细解析。

爱要怎么说出口？不同的人、不同的需求、不同的行为，“我爱清水湾”正是在三个维度的合力之下，把中国人难以启齿的“Love”好好的讲了出来。

“我爱清水湾”的传播不是基于一次创意发想，
而是从与当事人面对面的沟通与深度访谈开始的。

这不是一次创作，这是一次记录

——“我爱清水湾”创作全过程记录

爱，源于真实。文案随手写写的言语臆造不出一份真实的情感。

“我爱清水湾”的传播不是基于一次创意发想，而是从与当事人面对面的沟通与深度访谈开始的。在计划书里，我们将对雅居乐高层、普通员工、建设者代表、合作伙伴以及业主展开一系列深访，并在原材料基础上进行创作，从中发掘最有感召力的言语予以传播。

实施过程并没有我们想象的那么顺利。是否愿意代言是第一关。这次传播的首要原则是真实，所以必须排除商业化的有偿代言。而对清水湾有着真实情感的对象中，不愿意自身形象昭示于天下者不在少数。种种原因，雅居乐集团主席、大摩的亚洲区总裁等名字只能在规划名单中一一划去。定下的人如何进行深访，则是第二个难题。以知名地产投资人张先生为例，满天飞的张先生让我们很难制定采访计划，唯有不间歇的追。即使如此，最后的采访仍然只能在电话中进行。从采访的原始材料中找到具代表性、有感召力的话语，是接下来最重要的工作，所有文字最终是要征得当事人同意的，其难度可想而知。在整个执行过程中，真正能称得上创作就在于人物拍摄了，

“我爱清水湾”品牌运动最值得肯定的是：被动的传播行为，向主动型情感与行为指引的一次深化

而这个环节也因为时间安排、费用限制等原因，不能高质量完成，不能不说是一个很大的遗憾。

原有线上传播规划里，上至集团主席，下到一个普普通通的建筑工人；从大摩总裁到各色生活家的构想，最终得以传播的不过三分之一。倒是企业内部“我爱清水湾”的动员大会，开得很成功。从员工代表宣誓，“我爱清水湾”的实际行动部署，到员工每一个行为规范，以及部门代表赠言式的视频集合……“我爱清水湾”不再只是一个情感号召，而成为雅居乐人铭刻于心的行为规范。

《我爱清水湾代言人篇》杂志稿

文案：我对很多人说过，我们不能辜负这片海

所以清水湾的总投资达到了200亿，规划与建筑都出自全球顶尖公司之手……

我们追求的目标，是让这个超万亩度假国度

不单提供休闲、放松的度假生活，还能让人享受到世界元素与旅游元素的完美结合

而现在，如大家所见，我们正在兑现我们当初的承诺

我对清水湾的爱，就是不辜负这片海

《我爱清水湾代言人篇》杂志软文稿

文案：我对清水湾的爱，就是不辜负这片海

很多人问过我，雅居乐地产集团为什么要以这样大的投入、这么高的规格、这样长远的战略去打造清水湾？答案很简单，在原生态海资源越来越宝贵的今天，我们不能辜负这片海。

看遍了世界，还是觉得清水湾最美

世界最知名的海岸如夏威夷、迈阿密、加勒比海岸等，都在北纬18°，清水湾也在这条滨海黄金线上。优质的海滩资源是海南打造国际旅游岛的最大资本，而清水湾12公里纯美海岸线更是个中翘楚。三年过去了，还清楚记得第一次看到这片海时的震撼：长长的海岸线保持着纯净的原生态，海水湛蓝清澈，沙质超乎想像的细白……世界知名的滨海旅游度假胜地我都走了一遍，像清水湾这样高质素的海滩寥寥无几。

我对清水湾的爱，就是不辜负这片海

从一开始，我们就把世界顶级的规划理念注入到清水湾，退而求其次的念头从没有在脑海中出现过。无论是1.5万亩规模、200亿投入，还是54洞国际标准高尔夫球场、6家超五星级酒店、2家贵族游艇会、国际品牌城……我们带给清水湾的，一定是最好的。所以我对很多人都说过，要把世界上最好的配套和生活带到海南。我对清水湾的爱，就是不辜负这片海。

不久的将来，清水湾必将成为优于巴厘岛、夏威夷的世界级度假湾区

21世纪是海洋的世纪，滨海旅游，则是走向海洋的起点，这与中国富豪近些年观念的变化不谋而合：大家慢慢开始懂得享受成功、享受生活。清水湾就是这样一个为他们量身打造的享受第二人生的平台。清水湾将来必定会超越巴厘岛、夏威夷，不仅让人们看到最美的海，更享受到一流的休闲度假生活。如大家所见，我们正在兑现我们当初的承诺。

《我爱清水湾代言人篇》杂志稿

文案：好东西就要与大家分享

每碰到一个朋友，我都想告诉他：有一个地方，

有12公里海岸线，有纯净的沙滩，甚至沙粒还会唱歌。

那里一年四季都像春天一样，打打高尔夫，

在超五星级酒店里享受晚餐，

在国际品牌城里买礼物送给自己……

如果这么美妙的地方都不推荐给好朋友，

那还有什么更值得的呢？

《我爱清水湾代言人篇》杂志软文稿

《我爱清水湾热爱篇》杂志稿

文案：爱阳光，爱沙滩，爱有海风有星星的晚上

爱拉开窗帘就能看到海，爱有人送来的丰盛早餐，爱懒懒的赖在床上，

爱弧线优美的小鸟球，

爱shopping mall里的香奈儿，爱莱佛士天台上的烛光晚餐，

爱做自己的船长，爱静静的发呆，爱365天的自由自在……

我爱第二人生，我爱清水湾！

与其说这是一次关于爱的创作，
毋宁说是写者心中那一抹挥之不去，
却又说不出口的父子情深。

用心写出来的和用键盘敲出来的

—— 一篇用心写的软文

中国近十年的发展，可以说就是一部大城市发展史。乡村的、小城镇上的、二三线城市的，中国的年轻人怀揣着一个大城市淘金梦，蜂拥着踏上北上广的列车，在汽笛长鸣中开始了一场两代人两地相思的情感长跑。这种千里之外的爱或许不如爱情来得轰轰烈烈，却是这平凡世界最深沉、最不求回报的。

《从清水湾寄出的一封信》就是基于此的一次深情表白。与其说这是一次关于爱的创作，毋宁说是写者心中那一抹挥之不去，却又说不出口的父子情深。

在2010年的清水湾，生活的序幕早已在夜幕越来越密的点点灯光中徐徐拉开。相思一头的老人在其中占据相当的比重。脱下禁锢数十年的社会枷锁，中国的老人们可以全心的享受起他们如小说般绵长的第二人生，但对儿孙的挂念并没有因为纯美的海、温润的气候变得淡漠。这种流淌在血液里的情绪，随着他们越过北方的雪原，穿过钢筋的都市，一起来到了这里。《从清水湾寄出的一封信》就是带着这份情愫，走上了杂志，走进了中国这特殊的两代人心里。

经常会有人问我，什么才算是最好的文案，我答不上来。但可以肯定的是埋着头敲击键盘出来的不会有什么惊喜。而用心写下来的，即使才思不够敏捷，文字不够华美，却是能真正打动人的。能让人感动的，或许就是最好的文章吧。

窃以为，这篇文字是清水湾三年来最好的一篇，不因为旁的，就在于写者的那份真诚与深情。或许卖点的融入，会让行文有些许不自然；又或许商业的目的，令情感的纯度打了些折扣，但这仍不失为雅居乐·清水湾“爱”的舞台上最温暖的画面。

好文章加上好设计，这是一件传播上的作品。

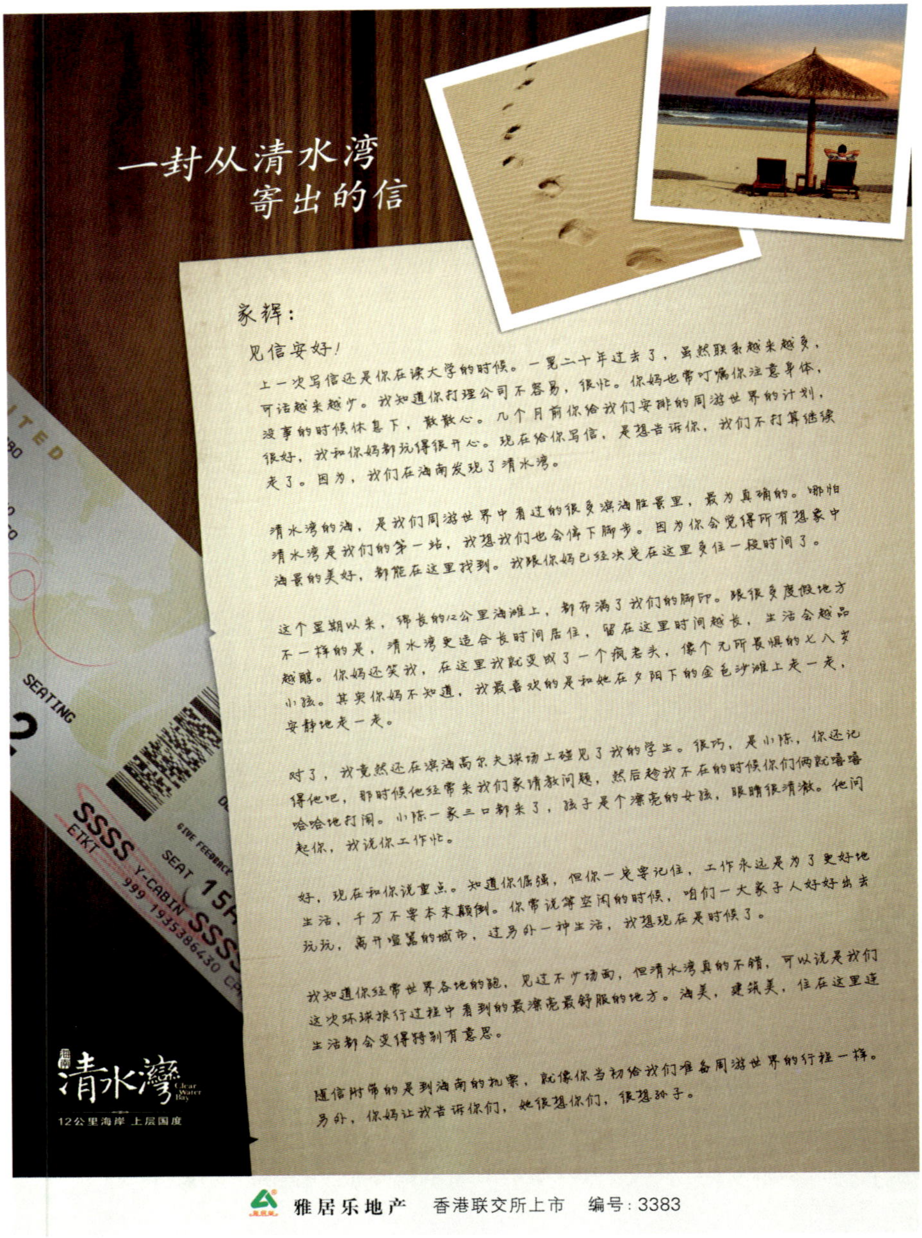

软文《一封从清水湾寄出的信》

文案:

家辉:

见信安好!

上一次写信还是你在读大学的时候。一晃二十年过去了，虽然联系越来越多，可话越来越少。我知道你打理公司不容易，很忙。你妈也常叮嘱你注意身体，没事的时候休息下，散散心。几个月前你给我们安排的周游世界的计划，很好，我和你妈都玩得很开心。现在给你写信，是想告诉你，我们不打算继续走了。因为，我们在海南发现了清水湾。

清水湾的海，是我们周游世界中看过的很多滨海胜景里，最为真确的。哪怕清水湾是我们的第一站，我想我们也会停下脚步。因为你会觉得所有想象中海景的美好，都能在这里找到。我跟你妈已经决定在这里多住一段时间了。

这个星期以来，绵长的12公里海滩上，都布满了我们的脚印。跟很多度假地方不一样的是，清水湾更适合长时间居住，留在这里时间越长，生活会越品越醇。你妈还笑我，在这里我就变成了一个疯老头，像个无所畏惧的七八岁小孩。其实你妈不知道，我最喜欢的是和她在夕阳下的金色沙滩上走一走，安静地走一走。

对了，我竟然还在滨海高尔夫球场上碰见了我的学生。很巧，是小陈，你还记得他吧，那时候他经常来我们家请教问题，然后趁我不在的时候你们俩就嘻嘻哈哈地打闹。小陈一家三口都来了，孩子是个漂亮的女孩，眼睛很清澈。他问起你，我说你工作忙。

好，现在和你说重点。知道你倔强，但你一定要记住，工作永远是为了更好地生活，千万不要本末颠倒。你常说等空闲的时候，咱们一大家子人好好出去玩玩，离开喧嚣的城市，过另外一种生活，我想现在是时候了。

我知道你经常世界各地的跑，见过不少场面，但清水湾真的不错，可以说是我们这次环球旅行过程中看到的最漂亮最舒服的地方。海美，建筑美，住在这里连生活都会变得特别有意思。

随信附带的是到海南的机票，就像你当初给我们准备周游世界的行程一样。另外，你妈让我告诉你们，她很想你们，很想孙子。

在我的印象里，这应该是中国地产传播一次空前的品牌运动。
“我爱清水湾”在不断刷新中国房地产记录的同时，
也将“爱”这种无形的品牌资产深深的种植在这片万亩的国度。

一场爱的品牌运动

—— 20个城市100场品牌推介会

这是一场不折不扣的品牌运动。其时，雅居乐·清水湾的市场影响力已经达到了一个前所未有的新高度。现场各种配套的日臻成熟，7000业主的南北汇聚，项目服务团队的不断壮大，这时的雅居乐·清水湾已小跑式的进入了品牌高速成长期。“我爱清水湾”品牌推介会就是在这样的背景下，强势铺开。

“我爱清水湾”北京新闻发布会，我是参加了的。从爱的缘起，到“我爱清水湾”的发动、规划、愿景，以及爱的宣言，2010年11月23日的北京发布会为这次品牌运动拉开了一个宏大的序幕。东起上海、西至乌鲁木齐、北上哈尔滨及沈阳、南至深圳与香港，20座城市100场品牌推荐会，将清水湾爱的宣言推至了前所未有的高度。业主有说服力的现身说法、专业人士的极力推崇、现场成交的刺激，清水湾爱的魔力在终点站——上海到达了沸点。

在我的印象里，这应该是中国地产传播一次空前的品牌运动。与会专业人士、现场参与人数、网络点击率，以及社会关注度……“我爱清水湾”在不断刷新中国房地产记录的同时，也将“爱”这种无形的品牌资产深深的种植在这片万亩的国度。

上：笔者在北京新闻发布会对“我爱清水湾”品牌运动进行解构

下左：“我爱清水湾”的品牌印记无处不在

下右：“我爱清水湾”品牌推介会现场

5

一场品牌的大阅兵

雅居乐 · 清水湾品牌巩固期传播（ 2011 ）

当“势磅礴、纳百川、任逍遥、志高远”全系列传播迅速覆盖全岛，

雅居乐 · 清水湾迎来了三年来的第一次品牌大阅兵。

回头来看，“势磅礴、纳百川、任逍遥、志高远”全系列传播，在推广力度、覆盖面与传播实效上，的确“势磅礴”

经历了2009年底的疯狂，与2010下半年的迅速回落，2011年初的海南楼市只能用“混乱”来形容。市场的量价齐跌、高企的开发体量、中小发展商率先挑起的价格战，更加之“新国八条”海南政策的即将落靴，提前预示着海南楼市雪季的到来。面对雌雄难辨的混沌市场，雅居乐·清水湾的品牌地位如何巩固？销售如何实现有效突围？

经验告诉我们，用硬梆梆的数据与事实说话，是跳出来的最有效手段；雅居乐·清水湾俯瞰全岛的骄人业绩，是徘徊的消费群最有力的说服者。这种实战型传播策略，可以最大限度的抛离跟随者，也可以最大范围的照亮海南混浊的池塘。当“势磅礴、纳百川、任逍遥、志高远”全系列传播迅速覆盖全岛，雅居乐·清水湾迎来了三年来的第一次品牌大阅兵。这种国家机器层面上展示强盛国力的手法，在消费市场再一次抓住了所有人的目光。

把2年180亿的销售数字转化成可感知的“势磅礴”；
从200亿投入的表面看到雅居乐集团的“志高远”；
从7000业主想象成7000涓流汇聚大海的“纳百川”；
品牌式传播是把“卖点”加工成“利益点”的烹制过程。

用品牌的方式讲数据

—— 谈谈数据式传播的创意之路

数据说话，是传播中一个很有效的手段。但枯燥的数字不经过润色，再强大，也很难被人们记忆。

在商业管理中，对数据与材料有“信息”与“情报”的区分。所谓“信息”，指的是未曾过滤的原始材料，需要从中抽离、总结、发现，才能成为有价值的“情报”。现今的广告传播，尤其是地产，有太多停留在“信息”层面的传播。几万平米的会所、多少面积的湖泊被赤裸裸的摆在了报纸、电视上。我曾无数次像一个普通消费者那样漠然的翻过这些可能会打动我的数据。数字再大，对我来说也不过多上几个零。但如果你告诉我这个湖泊有几个足球场那么大，我一定会带着惊讶的表情记住，这就是“情报”在传播中的价值。

把2年180亿的销售数字转化成可感知的“势磅礴”；从200亿投入的表面看到雅居乐集团的志存高远；从7000业主想象成7000涓流汇聚大海的“纳百川”；将一众滨海高端元素望见居者任逍遥的第二人生。品牌式传播是把“卖点”加工成“利益点”的烹制过程。请善待我们的消费者，把已经端上或即将端上桌的草料放下吧，换上惊心烹调的美食，这才是我们传播者的工作，这才是我们可以得到客户、消费者、市场尊重的途径。

这个阶段传播另一个值得讲讲的是调性。雅居乐·清水湾的王者气在其间表露无遗。破出画面的视觉处理，令磅礴之势跃然纸上；大巧无工的书法体运用，延续了清水湾的文脉；黑白的高反差处理，令户外广告的可视范围扩大了一倍以上……有些不讲道理的视觉强势背后，隐藏的是一个品牌的大气与底蕴。宏大的阅兵式上，哪有温温柔柔？有的是旗帜鲜明、振臂高呼。

雅居乐·清水湾的这次品牌阅兵，喊得够响亮。

《势磅礴篇》杂志稿

标题：势磅礴　雅居乐海南清水湾2年劲销180亿

文案：众者顺势，王者造势。

雅居乐海南清水湾，2年缔造180亿销售传奇，汇聚7000菁英业主。

12公里海岸之上，6家超五星级酒店、36洞高尔夫球场、507个泊位游艇码头……

纵观全球，无有出其右者。

势难挡，2011还看雅居乐海南清水湾！

《纳百川篇》杂志稿

标题：纳百川　雅居乐海南清水湾2年汇聚7000业主

文案：万川归流，心向海居的菁英，终汇入超万亩滨海国度。

雅居乐海南清水湾，2年缔造180亿销售传奇，汇聚7000菁英业主。

12公里海岸之上，6家超五星级酒店、36洞高尔夫球会、507个泊位贵族游艇会、

斥资5亿打造的“一站式”超大型国际中心会所……

纵观全球，无有出其右者。

纳百川，2011还看雅居乐海南清水湾！

三个字成语的创意，
是站在了中国五千年文化的肩上，
再结合当下传播的环境与需求进行的一次文字尝试。

三个字的成语

—— 汉语的创意游戏

这是一个彻头彻尾的文字游戏创意。中国成语从来以干练、精辟的姿态，在汉语境里占据一席之地。几千年的时间洗礼，令其形成了独特的语言韵律。

我们是把这种独特的律动打破了。在追求言简意赅的内涵同时，三个字的成语取代了四字居多的古成语。当古老的意蕴遇见新的语言律动，竟有了新生般的不同感受。“势磅礴”源自“势不可挡”，意境无二，力量感却铿锵了不少；拿掉了“海”字的

三个字的成语，在继承了中国传统语言厚重感的同时
平添了几分时尚的锵锵之声

“纳百川”感觉像是剪了个短发的少女，越发英姿逼人。三个字的抑扬顿挫看来比四个字要犀利不少。

这个三个字成语的创意，是站在了中国五千年文化的肩上，再结合当下传播的环境与需求进行的一次文字尝试。新意是有的，气势也因言简而更尖锐，传播所要追求的不正是这样的不一样吗?

如果，可以重来

雅居乐·清水湾品牌之路的反思与遐想

我写这本书的意义在哪里？是对这段三年多的品牌之路做一次流水式的呈现？

抑或是为雅居乐·清水湾的成功写一首马后炮式的赞歌？

还是本着一个传播人对专业僧侣般的执着，在思想的维度上，重新的走过这艰辛的三年？

如果，可以重来

雅居乐·清水湾品牌之路的反思与遐想

2008年的清水湾还是一片荒芜的野海，工地上的轰鸣声与海的潮汐声是这里唯一的协奏曲

雅居乐 · 清水湾无疑是成功的，但如果……

人最可爱的地方在于经常会想，如果……而人生最现实的在于人不可能两次踏入同一条河流。今天，我时常会想当时的清水湾品牌，如果在品牌塑造上更贴近受众；如果把传播费用中极少的一部分投入到创作执行；如果很多现在看来仍然不错的构想能够付诸实施……

如果，太多的如果。我写这本书的意义在哪里？是对这段三年多的品牌之路做一次流水式的呈现？抑或是为雅居乐 · 清水湾的成功写一首马后炮式的赞歌？还是本着一个传播人对专业僧侣般的执着，在思想的维度上，重新的走过这艰辛的三年？

是这个想法，最终催生了“反思”这个章节。我把这视作是一次可以重来的旅程，前一次的错误可以修正，遗憾可以填平，创见可以实现……再走一次，柏拉图式的整一整衣装，以理想主义的姿态面对这三年的雅居乐 · 清水湾品牌之路。这算是对自己的一个交代，也是对后来的从业人员一次镜鉴罢。

1

如果照第一次提案来走……

雅居乐·清水湾首次品牌提案探究

重新翻看，提报里有很多不精准、欠完善，甚至不切实际，

但她的创见性和孩子般无拘束的原创力，时至今日依然鲜活如初。

second
雅居乐清水灣
second life
childhood
dream
easy
freedom
life
future
世界的资源，
有没有一个永远阳

关于“Second life”的第一次提案，无论在创见性与完整性上，都算是对中国旅游地产品牌的一次开创性探索

这是2008年7月的第一次提报。清水湾对于我们还只是地图上的几条漂亮弧线和一叠如理工科般的项目说明。当然，正是这次提报，让“Second life”最终登上了这个1.5万亩的超级舞台，也让我们有幸与之结缘三载有余。

重新翻看，提报里有很多不精准、欠完善，甚至不切实际，但她的创见性和孩子般无拘束的原创力，时至今日依然鲜活如初。品牌核心无须赘言，从推广主题、创意表达，到媒体创新，人生初见似的美好倒是值得纪念。所以，不妨让她抖一抖尘埃，鲜光的走到台前，以探究的方式开始一次虚拟的传播旅程。

“阳光明媚”的界定，
指的是清水湾一年超过300天的好天气，也是指向受众的灿烂心情。
她令“Second life”有了色彩，有了温度，也有了人生的倾向性。

有没有一个永远阳光明媚的第二人生？

—— 雅居乐·清水湾首个品牌主张及创意发想

“有没有一个永远阳光明媚的第二人生？”是我们提出的第一个传播主张。“Second life”的抽象性，是从一开始就意识到的。“阳光明媚”的界定，指的是清水湾一年超过300天的好天气，也是指向受众的灿烂心情。她令“Second life”有了色彩，有了温度，也有了人生的倾向性。至于设问的句式，这一直是我的偏好。相对于一诺千金的品牌承诺、铿锵有力的品牌口号，她更像是一个朋友，和你喝着陈年普洱的时候，偶尔发出的一个感慨。她不咄咄逼人，也不强势，但她会走进你的耳朵，走进你的心里。

一张前往清水湾的机票，一张前往第二人生的护照

你开始不自主的跟着她，慢慢的走进她的道场。当然，这需要你的心理认同。

如何做到心理认同？最好的方式无非是从你的角度说事。你是个摩登世界的机械人，你是个裹在厚厚棉袄里的东北人，你是个匆匆忙忙的现代人……所以你习惯了北上广的拥堵，大城市的灰霾，北方的寒冷，南方的阴雨。从此“阳光明媚”会在最深的意识里诱惑着你，呼唤着你。是的，把你们的现实生活有企图的抽离出来，用黑白灰的调性、新闻纪实式的画面创意的展现出来。朱德庸的四格漫画里，曾说过这样的故事：一个丑女人常常被不同女友邀约逛街、吃饭、看电影。她不得其解，问：“为什么你们喜欢约我上街？”身边的女人回答：“和你走在一起，可以把我衬得更美丽啊。”同样，一个让你疲惫、寒冷的广告不就是对“Second life”最好的反衬？

《第二人生塞车篇》提案创意稿

心情的天气预报

—— 创意的旧元素与新组合

在我看来，这个创意最大的原创点不在于洞察，不在于反面诉求，而在于我们用一个最常见的元素实现了创意的“旧元素新组合”。

多云转阴、小雨、有雪，这些我们天天面对到漠视的天气预报图形，与现代人的负面情绪，不正是一对绝佳的组合？在拥堵的车流中，加上雨雪的图形；在裹着大衣、行色匆匆走过街口的现代人头上，加上一个阴雨的符号，创意的效果非常理想。不需要文字的提点，也不是对受众的一次智力考试。这是一次天气与心情的嫁接，一次对现代人生活现状的“心情预报”。简单的创意，往往是好创意。

《第二人生雨雪篇》提案创意稿

文案：远离阴晴不定的季节，远离堵塞的车流，远离人生的烦恼，谁说不可以?

来雅居乐清水湾，开始你的第二人生吧!

让生命的记忆里写满：蓝的海，柔软的沙滩，清新的风，永远阳光明媚的人生……

缤纷的“Second life”

——“Second life”的色彩构想及应用

如果有人问我，“Second life”是什么？我会告诉他，“你希望是什么，她就是什么。”是的，这才是“Second life”的真义。这个魔幻的想法被我们移植到了色彩规范上。

在原始的构想中，“Second life”就应该是缤纷的。她是对黑白灰现实世界的一次颠覆，她是如热带般最饱满、最纯净的色彩盛宴。我们不说话的时候，色彩可以讲很多故事。

最终，这个“Second life”的色彩原住民像印第安人一样，被赶出了领地。原因是因为她们显得太年轻，没有一个“上层国度”的品质感。这点我不以为然。七彩草裙舞里的夏威夷，黝黑皮肤上的白色马尔代夫，没有人会用“品质”这样的词去定义，只需要阳光灿烂就好。

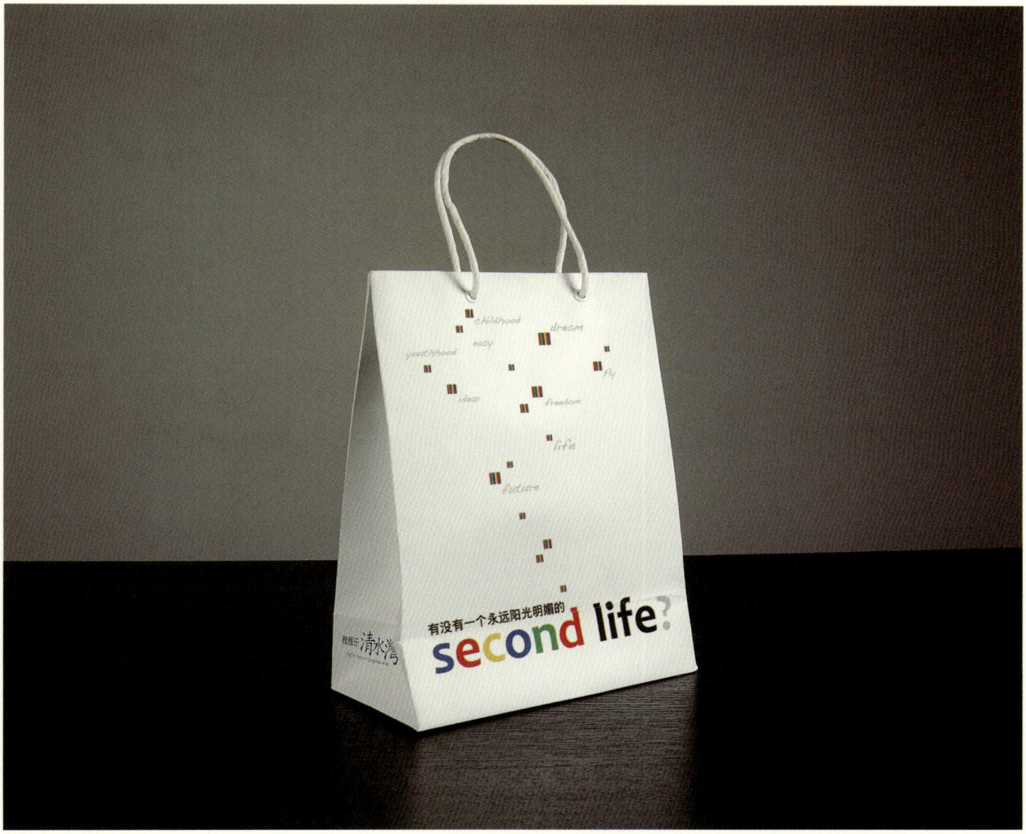

缤纷的色彩，让所有的设计都穿上了一件热带的T恤

一架“Second life”的专机

—— 关于包装飞机机身的跨界创意

我不知道这个大胆的构思操作性有多大，但这个跨界创意至今仍令我浮想翩翩。迪斯尼的老鼠可以爬上飞机，“Second life”的彩虹为什么不可以？试着闭上眼睛想一想，无论在哪个机场，这架七彩的飞机一定是最耀眼的主角。喜欢视觉掠夺的中国人会争相与之合影，会第一时间把亮着V字手势的照片放上微博，他们会说：“我今天坐了一架不一样的飞机，它的名字叫‘Second life’。”

我们在包装一架飞机的同时，也在包装一个品牌明星。她将像奥斯卡的巨星一样登上品牌的红地毯，甚至为房地产传播添上新的一页。

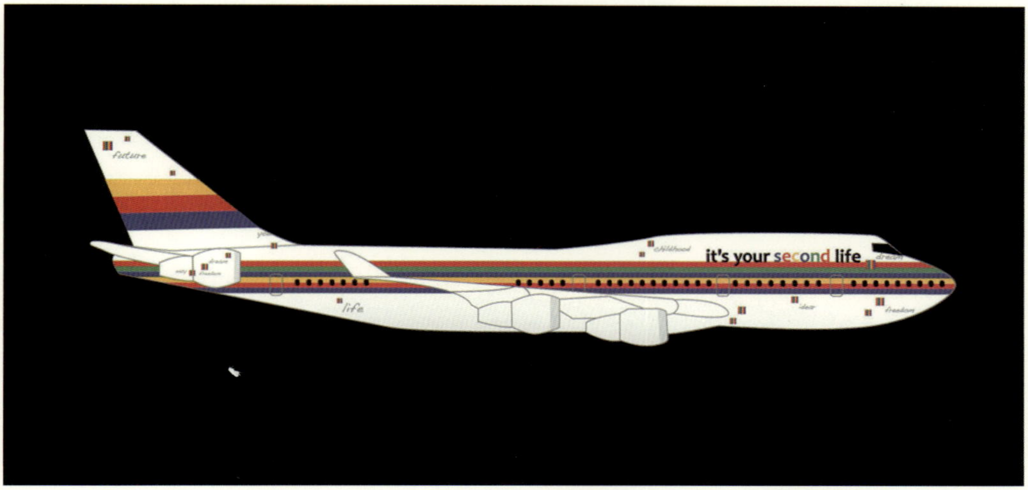

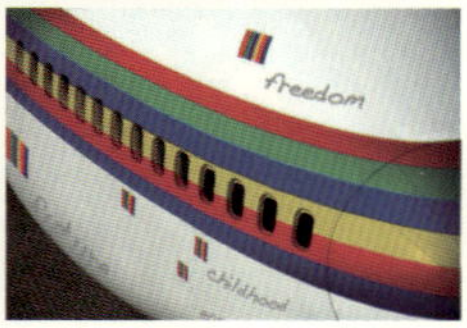

上：飞机机身品牌包装整体平面效果

下：飞机机身品牌包装局部效果

把城市标志性建筑物当作广告牌

—— 城市标志性建筑物的广告效应

很多好创意不是想不到，而是不敢想。把广州的中信、上海的国际金融中心、北京的国贸当作清水湾的广告牌，这个创意贵在敢想。城市的标志性建筑物无疑是城市化进程最典型的产物。人们在这个奇形怪状的容器里像工蚁一样劳作。越来越快的高速电梯，没有最高只有更高的楼层纪录，程式化的动作麻木的脸，凌晨2点还亮着灯光的窗格……这里上演的是第一人生浓缩的剧目。在这里做清水湾的广告再好不过!

“这里是你的第一人生，你的第二人生在哪里？”当中信、世贸高耸的楼体上垂直的排列出这样的发问时，全城的工蚁们除了行注目礼，应该也会有一点点发自内心的感慨吧。辞职率会不会因此高出许多？呵呵，这当然是我们巫师一样的意淫，但这样的传播效果一定会高出普通媒体很多，却是个可以预见的结果。电脑效果图出来了，我暗想，这真他妈是个“大”创意。

这个创意让雅居乐产生了极大的兴趣。把她执行出来！高层的指示很坚决。但是，与广州中信几次沟通后，终因不允许制作全楼体广告而告失败。但这个“大”创意还是让我们看到了，在天下文章一大抄的背景下创新的可能与可贵。

上：广州中信大厦巨幅楼体广告电脑效果

下：深圳帝王大厦巨幅楼体广告电脑效果

2

如果这些都可以实现……

雅居乐·清水湾品牌之路上的拾遗

雅居乐·清水湾不逊于开盘业绩的大卖，

证实了能切中受众脉搏的传播，才是最犀利的传播。

12个不同的领域，12个不同的人，
“Second life”将在他们的身上得以丰满，
这几个简简单单的英文字将因为他们变得有血有肉。

12个人的第二人生

—— 关于“Second life”品牌深造的一次可能

12个人的第二人生，是在2010年2月的提案中，一个对品牌内核人性化演绎的思路。时至今日，我依然固执的认为这是个品牌深化很好的创见。

“Second life”作为雅居乐·清水湾的大品牌内核，在线上的传播量并不多见。毕竟这是个需要做上十年的功课，很重要，但不紧急。三年多的时间，“Second life”为主题的传播只在2008年品牌初探市场时，以平面媒体的方式出过很短一段时间。而随着开盘临近，便被“真正的海”这种有短期市场拉动力的主题所取代。2010年，雅居乐·清水湾TVC在央视的重磅投放，令受众得以感知“Second life”的魅力所在。后续的传播中，“Second life”的字眼倒是随处可见，在每一个传播物料或是报纸、或是电视的广告上。但仅此而已，仅仅一行小字而已。

12个人的第二人生，正是我们感知到品牌塑造的后续乏力进行的一次补课。“Second life”如何能从几个英文字，变成中国人心目中一个看得见、摸得着的生活伊甸园?

《12个人的第二人生》杂志创意稿效果图

榜样的力量！榜样的生活蓝本，可以实现受众人物互换式的生活遐想。对，这是条捷径，我们就这个思路与某老牌高端杂志做了深入的沟通。12个月每月一个“Second life”标识性人物的深度专访，并以思想摘录式的软性手法揉入品牌。一个年度性的品牌深造计划逐渐清晰。找哪些人代言，我们心里早已有数。被我们写入楼书的第一榜样——理查德·布兰森是首选。该杂志在上年度对其做过采访，这个人物专访可以拿下了，这个信息令我们兴奋不已。社会名流、金融巨子、大摩的亚洲区总裁、雅居乐集团高层，以及清水湾业主……12个不同的领域，12个不同的人，“Second life”将在他们的身上得以丰满，这几个简简单单的英文字将因为他们变得有血有肉。理查德·布兰森在我们提出“Second life”时就成为了我们最典型的例证：维京航空集团总裁，资产超70亿，产业多达24项。他被誉为世界上最性感的商人，他是英国女王授封的爵士，他驾驶热气球横跨大西洋，他是一个“第二人生”的传奇。是的，就是这种跳出社会枷锁的潇洒人生态度，成就了天性拘束的中国人最梦寐的生活偶像。他们的出现，可能与销售挂不起勾，但他们的出现势必将品牌推至一个人性化的高度。

品牌可以换钱，只是需要五年十年后才能兑现，很多中国的房地产商等不了那么长的时间。

房地产项目的产品同质化现象很严重，
而品牌图腾可以很好的形成视觉区隔，让项目一下跳出来，
并被迅速记忆。

一座半岛上的白色教堂

—— 房地产项目品牌图腾的作用力

三年，我们一直在寻找雅居乐·清水湾的品牌图腾。就好像2003年我们为星河湾找到的骑江木道灯柱一样，只要那一排有着漂亮弧线的灯柱出现在画面上，大家一定会点头，“哦，是星河湾的广告。”这和狮子跳火圈是一个道理，我们要在昏暗的市场灯光下，让受众条件反射的认出我们。回看雅居乐·清水湾的广告，如果把画面与Logo拆分，相信没有多少人能认出来。海滩、蘑菇伞，哪个滨海项目都会有，再漂亮、再入画也无法成为视觉图腾。

凡是到过清水湾的人，一定会登上那座分隔开沙滩与礁石的半岛。她不高，但却是12公里海岸线上最注目的标志物。立于之巅，整个眼帘都是深邃的蓝，海在这里向我们呈现出她蔚为壮观的一面。如果在这匹蓝色缎子上画下一个小小的白色教堂会怎样？我们不需要一个富丽堂皇的教堂，我们只需要一个白色的如希腊岛上最常见的建筑物。她可以小到只能容下两个人。这样或许更好，爱的世界里两个人刚刚好。当然，如果这座建筑物可以像安藤忠雄的光之教堂、水之教堂一样有着强大的设计感，那就完美了。从此，只要这座白色建筑物出现在我们眼前，我们都会不约而同的脱口而出：“哦，

电脑合成后的清水湾半岛上，白色的教堂在蓝得像块幕布的天空下矗立，像一个理想的守望者

这是清水湾。”

房地产项目的产品同质化现象很严重，而品牌图腾可以很好的形成视觉区隔，让项目一下跳出来，并被迅速记忆。这应该算是品牌图腾最大的作用力吧，万科四季花城的钟楼、星河湾的灯柱都是例证。

这座教堂会吸引多少情侣在此海誓山盟，我不知道，白色教堂背后带来的旅游资源、二次三次传播效应，亦无法凭空臆造，但已成为海南婚纱基地的清水湾在这个精神图腾的象征意义下成为新的景点看起来应该不难，而因此带来的额外销售亦可期待。这个白色教堂的想法，我们向雅居乐提出过很多次，总是被一笔带过，但她却挥之不去在我脑海里萦绕，渐渐的纠成了一个结。今天，籍着电脑的神奇把她“建”在岛上，也算是遂了一个心愿。

从根本上我不希望这是一次“创作”，
而应该是一次从爱者言语中、行为上找到或提炼的“真实”。

如果，爱……

——“我爱清水湾”品牌运动的反思与假想

“我爱清水湾”究竟是什么？是一次纯粹的传播行为？是一次清水湾人行为规范的精神指引？又或是一次品牌层面的深度探知？当回看这段传播历程时，我很迷茫。

“我爱清水湾”创作的初衷何在？是希望籍每个人对清水湾真实的爱，汇聚成一股厚积薄发的情感暖流，以此将清水湾的品牌推至一个人性的高度。所以，从根本上我不希望这是一次“创作”，而应该是一次从爱者言语中、行为上找到或提炼的“真实”。这样的品牌工作是需要时间和精力的，每一次创作，我都会以一种堂吉诃德式的大无畏精神去面对，即使前一次遍体鳞伤。在我看来，这是一个广告人应有的职业坚守，庞大的品牌运动像是那个风车怪兽，征服她需要的不仅仅是专业，还有这种精神的支撑。我们希望不仅仅是坐在办公室与企业高层的对话，我们希望坐在大摩亚洲区总裁的面前，或是业主高尔夫别墅里，又或是坐在清水湾半裸的建筑工地上……面前是一个再普通不过的工人，我们递上一支烟的时候，他会胡乱的在裤腿上擦擦手，接过去的时候习惯性的看看是什么牌子的烟。我们不需要他有多么精辟的见解，或许华丽的语言，事实上他们也做不到。我们希望找到的是他对清水湾不修饰的爱，我坚信这种爱在每一个清水湾建设者的心里或多或少的存在。我希望在他那张新闻式的照片旁的标题文字，出自他的嘴，而不是文案的键盘。在我的构思里，除了报纸、杂志、户外等线上媒体，应该有一条不错的Demo可以在网络传播，让受众看到纪录式的全过程。在完成一众典型性代言人的传播后，应该有一个隆重的发布会，将这次品牌运动的成果做一次集结……

奔驰A-class就是很好的范例。我们是认真看过每一个Demo，每一张平面的。代言人各行各业，真实鲜活，他们非主流的生活梦想，足以照亮品牌的殿堂。

在“我爱清水湾”北京新闻发布会高调启幕后，运行了不算长的一段时间，便逐渐被高企的销售压力挤压成了一个小小的Icon。失去了平台与合力的“我爱清水湾”，只能在少数几个人物的代言后无疾而终。典型人物的覆盖面与挚爱品牌的深度，无从谈起。我们为之搭建的宏大构想也只能停留在了纸面上。

效果也许会不一样，如果把20城100场的推介会用好，如果品牌运动的时间不是在销售旺季，而是相对宽松的三五月……这里有我们的问题，有时间的问题，也有品牌与销售的博弈问题。但假设每一场推介会都有一位“爱”的代言人可以亲临现场，有Demo的影像播放，有现场互动式的提问，加上其他媒体的配合，是否能将这种看不见却有着最大杀伤力的“Love”散播出去？如果能在各个层级推行一系列实际措施，“我爱清水湾”是否可以从传播落实到行为上来呢？如果“我爱清水湾”基金可以成立运作，成为一个“爱”的载体？如果，有太多的如果……

或许，我们可以在最初搭建的品牌运动框架中，用想象找到答案。

“我爱清水湾”品牌运动框架图

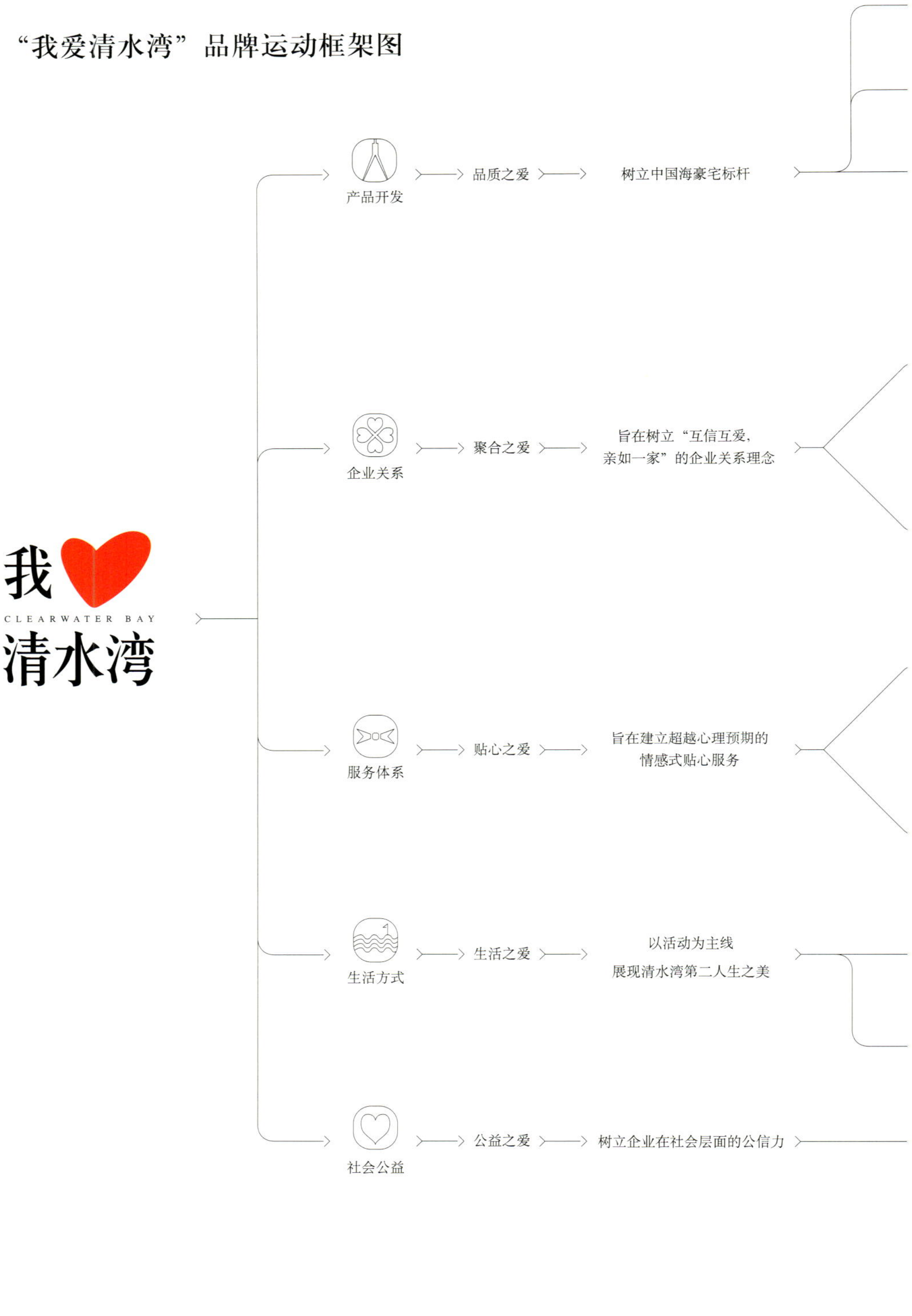

- 建筑品质 → 产品设计遴选 / 承建商准入 / 环保及高新材料运用 / 海洋建筑课题研究 ……
- 建筑形态 → 海景公寓 / 欧式别墅 / 泰式别墅 / 景观大宅 ……
- 高端配套 → 6家超五星级酒店/54洞高尔夫球场/湖畔商业中心/国际品牌城 ……
- 企业内部
  - 个体关怀
    - 生活关爱 → 例如：亲情关注 / 节日惊喜 / 生日温馨 ……
    - 素质培养 → 例如：形象塑造 / 技能培训 / 职业规划 ……
  - 团队塑造
    - 专业培训 → 例如：团队拓展 / 各专业部门专属培训 ……
    - 团队活动 → 例如："我爱清水湾"之星评选 / 海洋沙滩类运动会
内部多形式联谊活动 / "我爱清水湾"情感征集 ……
- 合作伙伴 → 最佳合作伙伴评选 / 海洋沙滩类运动会 / 大型联谊活动 / "我爱清水湾"情感征集 ……
- 内部管理 → 基础服务规范 / 业内先进技术交流培训 / 物业增值服务 ……
- 业主经营
  - 业主维护 → 建立业主数据库 / 定期业主回访 / 情感维护 ……
  - 物业服务 → 物业基础服务 / 物业保值增值服务 ……
- 常规活动 → 节假日活动（如新年音乐节等）/ "我爱清水湾" 3.28周年活动 / 年度主题活动 ……
- 圈层活动 → 高尔夫邀请赛 / 高端品鉴会 ……
- 成立"我爱清水湾"基金，用于海洋环境维护及研究，及社会突发事件的慈善捐款 ……

I ♥ CWB
我 爱 清 水 湾

这是最初始的“我爱清水湾”ICON，与实际运用的相比，更具有国际感与时尚感，但识别力相对较弱。在心形上的海星反白，本意在于强化海洋属性，却无意中让图形看起来像个红番茄，这算是创作中一个小小的趣事。

我爱在浪尖上飞的感觉；我爱阳光下古铜色的皮肤；我爱被珊瑚礁的鱼群包围
我爱升上海面时susan的微笑；我爱白色风帆上红色的心形，我爱大海……

我爱大海，我爱清水湾

清水灣 Clear Water Bay
12公里海岸 上层国度

全新组团 蔚蓝高尔夫 全球发售

- 北京秋季房展会于9月16—19日在国贸中心展览大厅隆重举行
- 9月19日于北京天桥剧场盛情举办“2010雅居乐海南清水湾北京周年答谢晚会”
- 全新2期200－300m²泰式/欧式小独栋仅400万起，紧急加推单位火热抢购中
- 国际品牌城成功落户，全球近300个国际高档品牌即将进驻海南清水湾

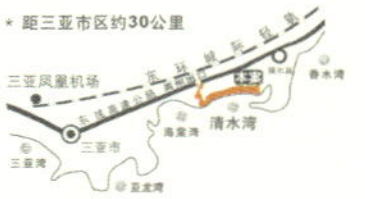

北京展厅：东城区东直门南大街5号中青旅大厦1层清水湾展厅 发展商：海南雅居乐房地产开发有限公司 地址：海南·清水湾（海南东线高速英州出口） 010-5815 6086/96
国内展厅：北京·上海·广州·中山·佛山·成都·重庆·西安·南京·哈尔滨·太原·沈阳·呼和浩特·三亚·香港 www.hncwb.com

雅居乐地产 香港联交所上市 编号：3383

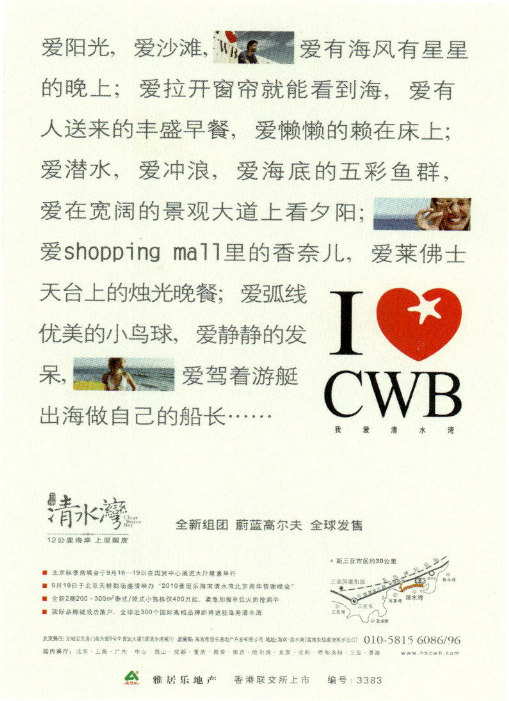

左下：《海上运动者篇》提案创意稿

文案：我爱在浪尖上飞的感觉；我爱阳光下古铜色的皮肤；

我爱被珊瑚礁的鱼群包围；

我爱升上海面时susam的微笑

我爱白色风帆上红色的心形；我爱大海……

我爱大海，我爱清水湾

右上：《爱的宣言篇》提案创意稿

文案：爱阳光，爱沙滩，爱有海风有星星的晚上；

爱拉开窗帘就能看到海，爱有人送来的丰盛早餐，

爱懒懒的赖在床上；

爱潜水，爱冲浪，爱海底的五彩鱼群，

爱在宽阔的景观大道上看夕阳；爱shopping mall里的香奈儿，

爱莱佛士天台上的烛光晚餐；爱弧线优美的小鸟球，

爱静静的发呆，爱驾着游艇出海做自己的船长……

右下：《无拘无束篇》提案创意稿

文案：我爱海水咸咸的味道；我爱王子与美人鱼的故事；

我爱我床上那只毛茸茸的海星；

我爱我的窗对着蓝色的海……

我爱美人鱼，我爱清水湾

结语

没有终点的修行

我终于可以理解余秋雨先生《文化苦旅》的“苦”字了。好几次，我都有写不下去的感觉；好几次，我是数着数的爬字。把雅居乐·清水湾三年多的品牌路重新走一遍，带来的不是胜利似的巡视，而是越来越多的思考与质疑；是很多问题提出来、发现了，却找不到解答的痛苦。自己的浅薄从未像今天这样显露无遗，我甚至开始质疑这个耗费我近二十年青春的行业，质疑这个行业一知半解、无知者无畏的夜郎秉性。但是过几天，等到心情平复，又想，这未必不是件好事。该补课的补课，该修正的修正，任何一条路都非坦途，都是一次没有终点的修行。至于传播这个行业，固然有他的行业缺陷，但简单的理想、简单的追求、简单的彼此关系，是值得我们在每一个通宵，每一次被无理否定，每一次同学同辈经济攀比落寞后，依然昂首前行的动力。

不管怎样，我依然相信成功非偶然。清水湾的巨大成功绝不是天上掉馅饼的一时运气。而熙悦在这三年对雅居乐·清水湾传播的苦心经营，也必将成为中国旅游地产

这是2009年2月3日拍下的一张照片。
用今天的心境来看，更像是一次回望，关于我们的生存状态，关于旅游地产的猜想，也关于品牌传播……

传播的一次有意义的实践，一个有价值的参照物。未来的旅游地产传播大可以站在她的肩上，扬长避短，看得更远，做得到更专业。果真这样，那这次抛砖引玉，才不算是白费了力气。

总结是必要的，但未来更值得探索。好好的理一理心情，好好的把长枪磨利，骑上我忠实的瘦马，我们这群“堂吉诃德们”，又将骄傲的踏上下一段征程，马鞍上跳跃着的，依旧是那个磨得有些泛白、叫做“梦想”的羊皮水袋。

品牌价值的发现者

—— 广州熙悦广告有限公司

伟大的艺术家米开朗基罗曾这样说过：每一块石头都有自己的灵魂，我只不过是把她找了出来。

在熙悦的品牌字典上同样写着这样一段话：每一个品牌，每一件产品都有着自己独有的灵魂。如何找到她，如何令其价值最大化，是熙悦最核心的使命。

在熙悦成长的七年里，我们清楚的看到现今的品牌、传播行业充斥着太多的自我炫耀、概念包装、批量生产；而真真正正为企业品牌着想、为客户解决问题的却少之又少。我们不想这样。

我们安安静静的做了七年。完成保利地产全国品牌构架与重塑，我们用了三年；为构建中国旅游地产第一盘——雅居乐·清水湾，我们用了三年；为创造新东方人居生活方式，我们与方圆地产品牌及产品链走过了七年；为树立南中国真正的豪宅生活圈，我们实现了对侨鑫地产旗下老牌豪宅——汇景新城、亿万级豪宅——从都一号院的品牌塑造……保利地产首个滨海项目——保利银滩；首个城市综合体——保利天悦；中颐集团品牌及产品链……熙悦安静的交出了一份不安静的答案。

七年以来，熙悦始终坚持从时代社会、消费形态、企业精神的高度寻求洞察；以实现企业价值的最大化。首创的价值发现模型体系；实力与创新并重的专业结构；中国各类型品牌项目的实操经验，让我们比其他人站得更高、走得更远了一些。

真正的海
GOLF
小築
金奖
中颐海伦堡
保利地产·和乐中国

保利®地产

和者筑善

—— 保利地产全国性品牌工程的深度再造

企业背景

2009年销售过400亿，全国地产综合实力前三甲，央企地产实力第一名，品牌价值逾90亿。毫无疑问，保利地产是目前、未来中国房地产最具实力与成长力的地产品牌之一。

价值洞察

问题：在业绩与实力高速增长相比，保利地产在品牌建设与影响上相对滞后。如何让品牌建设跟上企业成长的步伐，甚至引领企业未来的发展，是保利地产必须直面的企业命题。

洞察：18年，从广州区域公司一路成为全国性地产三甲；从2003年的16亿到今天的400亿，保利地产走过的就是一条品牌之路。保利地产的品牌价值不是空缺，而是未被提纯、提升。

解决：从“和谐 自然 舒适”居住感觉入手的品牌核心，到“和者筑善”，一脉相承的是伴随保利地产18年的一个“和”。不一样的是一次从居住感受向根植传统文化，凸现企业价值与社会责任的大品牌理念的跃升。

2010年“和者筑善”保利地产品牌升位活动现场

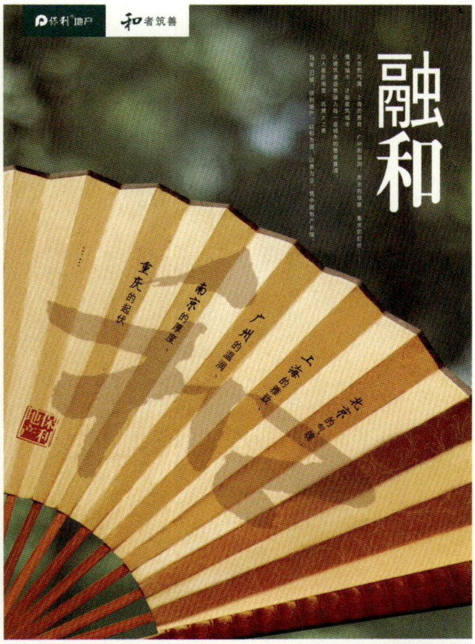

保利地产全国品牌推广形象稿（2010、2011）

方圆
fineland

东方人居智慧

—— 方圆地产全国性品牌及产品链

企业背景

方圆集团，打破中国现代居住建筑受西方理性主义与纯粹功能主义影响的大格局，以现代东方的理念和形式，成为推动中国现代东方人居进程不可或缺的一股力量。

价值洞察

问题：现今中国居住建筑的格局，已被西方的建筑理念所挟持。在举目皆是新纽约、纯西班牙的建筑群里，东方式的居住被无情的放进了“过时”的阁楼。

洞察：作为东方文化先行者的中国人，无论西方的居住理念如何先进与悦目，但地脉与历史带给我们无法割舍的情怀与需求，会在万花迷人眼中指引我们回到东方的“四合院”里。

解决：以“现代东方”的生活方式与理念，打破受众“东方式住宅过时了”的陈旧观念，重新建立“新东方人居智慧”的品牌体系与居住模式。

云山诗意 Fineland Orient

方圆云山诗意无论在建筑还是品牌上，都为中国房地产吹来了一种清新的“中国风”

方圓 公園 the park one 一號

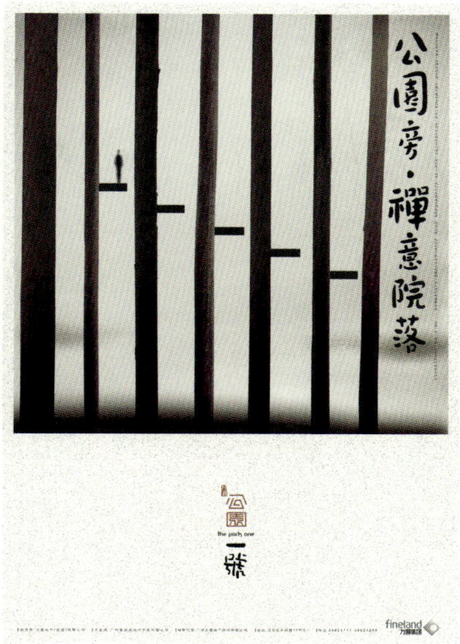

是的，只不过是三篇报纸广告，只不过是每周一篇的三周媒介投放。
市场对于“公园一号”这个新盘的认知率便达到了100%，
这不能不说是一个传播的奇迹。

方圓 月島 moon island

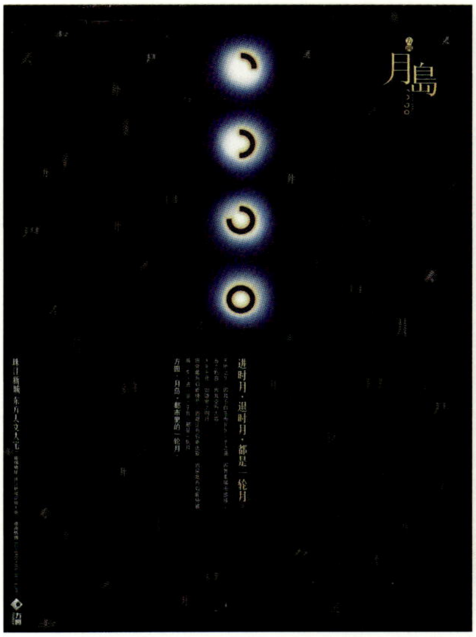

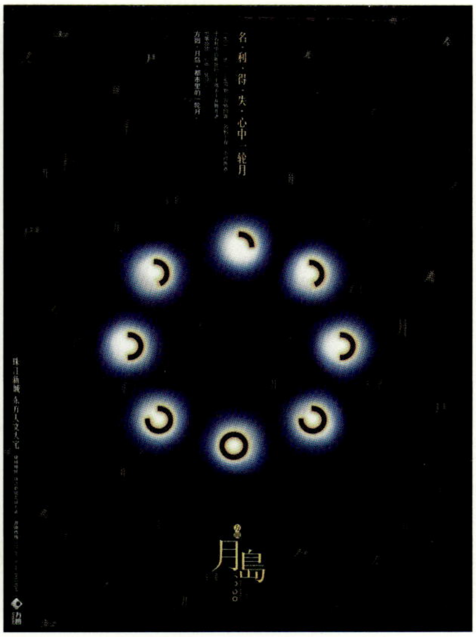

方圆·月岛的形象稿一刊出，便吸引了市场、业内所有的目光。太不一样了！
对，正是这种不一样，三篇形象稿三次媒体发布，方圆·月岛便已家喻户晓。
这次东方秩序美学的尝试证明，中国社会不缺乏审美！

Favorview Palace
侨鑫·汇景新城
|国|际|豪|宅|社|区|

家族，一个品牌的骨髓式深植

—— 侨鑫汇景新城品牌塑造

项目背景

作为广州乃至珠三角新一代豪宅翘楚的汇景新城，在六年持续的产品开发与品牌建设中，已成为继华侨新城、二沙岛之后，新豪宅的代名词。无论从1500亩的体量，广州城中央的地理优势，以及大配套，均可称得上中国城市顶级豪宅的典范。

价值洞察

问题：作为广州乃至南中国的豪宅代表，汇景新城如何在当时物质型豪宅大行其道的棋局中跳出来，彻底抛离竞争对手，确立其独特的核心价值，是我们面临的一大课题。

洞察：中国社会正处于由富及贵的转型阶段，中国新一代“家族”雏形正在无意识形成。汇景新城大社区城央豪宅的优势，已吸引并形成了“家族式”聚居特质。

解决：大品牌核心——“家族聚居之城”的确立，为汇景新城找到了一条十年不变的品牌之路，也为她开拓了一条区隔中国绝大多数豪宅的绿色通路。

在汇景新城的“家族”价值推动中，细节型传播的效果显著。

试想想 你是一位汇景新城的业主，无论午后与儿子一起打打高尔夫，还是在私人俱乐会与朋友聊聊普洱，甚至是更衣之时，“家族”的精神与印记都会无孔不入的渗透进来。这样的细节型传播不成功都难。

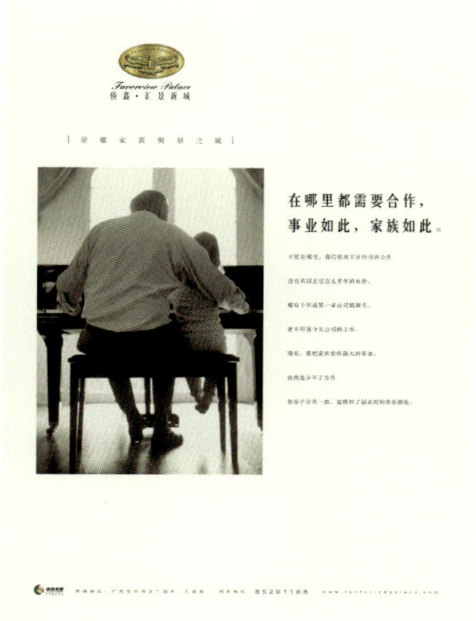

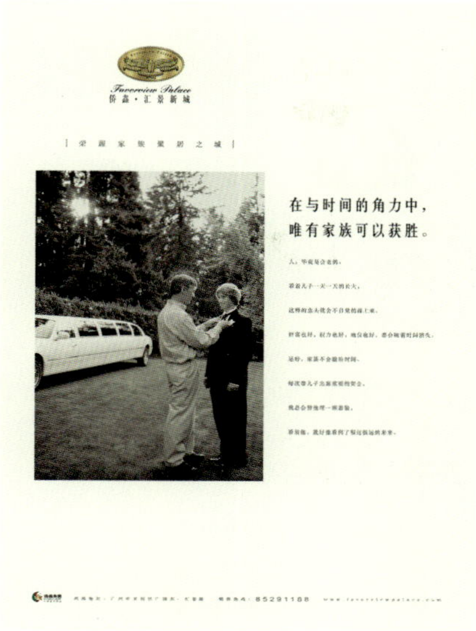

无论品牌形象还是产品诉求

汇景新城的传播始终牢牢扣住“家族”这一主题

GRAND MANSION

保利·天悦

百年豪宅品牌塑造

—— 保利天悦品牌塑造之路

项目背景

广州真正意义的最后一个城市综合体；琶洲最后最完美的一个地块；保利最高规格的打造标准……毫无疑问，保利天悦将成为广州乃至南中国的新一代顶级豪宅典范。

价值洞察

问题：作为保利首个真正意义的豪宅项目，保利天悦承载着保利地产产品结构性的一次提升。如何走出受众习惯性认知，并树立隶属保利的豪宅价值观，是品牌的首要任务。

洞察：目前的中国房地产充斥着太多的伪豪宅和叫嚣性豪宅，而真正能潜下心来认认真真做的豪宅，一定会被市场认可与追逐。

解决：“百年豪宅传奇”的品牌价值观，让保利天悦一面世便脱颖而出。这既不辜负保利在该项目上的精雕细琢，也为品牌开辟了一条“百年之路”。

在保利天悦的现场，很难找到传播的痕迹，却又让人无时无刻不感受到那种欧洲老牌豪宅与生俱来的优雅气质。保利天悦视觉图腾的植入式运用，作用尤为重要。大理石地花、建筑装饰细节设计、导视系统的雕塑型应用……欧洲古老家族的徽记式效应，已然成为保利天悦百年品牌传奇里不可或缺的一部分。

立于城市的高度眺望，站在看似最微不足道的细节前审视
保利天悦的品牌价值观，就在这宏大与渺小间得以树立

图书在版编目（CIP）数据

Second life ：蔚蓝图腾：雅居乐·清水湾全程品牌营销实案 /吴竹著.-
广州 ：广东人民出版社，2013.4
ISBN 978-7-218-08207-3

Ⅰ. ①S… Ⅱ. ①吴… Ⅲ. ①房地产－品牌营销－研究－海南省
Ⅳ. ①F299.233.5

中国版本图书馆CIP数据核字(2012)第243580号

Second life：蔚蓝图腾：雅居乐·清水湾全程品牌营销实案
吴竹 著

出 版 人：曾 莹

责任编辑：肖风华
装帧设计：吴 竹 何海燕
责任技编：周 杰

出版发行：广东人民出版社
地 址：广州市大沙头四马路10号（邮政编码：510102）
电 话：(020) 83798714（总编室）
传 真：(020) 83780199
网 址：http://www.gdpph.com
印 刷：广州伟龙印刷制版有限公司
书 号：ISBN 978-7-218- 08207-3
开 本：787mm x 1092mm 1/16
印 张：16.75 字 数：165千
版 次：2013年4月第1版 2013年4月第1次印刷
定 价：78.00元

如发现印装质量问题，影响阅读，请与出版社（020-83795749）联系调换。
售书热线：(020) 83791487 83790604 邮购：(020) 83781421
本书纸品供应：协茂纸业